2年ぶりの甲子園へ
長野大会優勝は松商学園

松本市野球場で23日に行われた第103回全国高校野球選手権長野大会の決勝は、第1シードの松商学園が7-2で第3シードの長野日大に勝ち、4年ぶり37度目の夏の甲子園出場を決めた。

松商学園は2-2の同点で迎えた六回に3本の適時打で勝ち越すと、七回には連続適時二塁打で2点を加えた。継投で長野日大の反撃を抑えた。松商学園は、2年ぶりに開かれる全国高校野球選手権大会（8月9日開幕・甲子園球場）に出場する。

昨年は新型コロナウイルスの感染拡大の影響で大会が中止。2年ぶりの甲子園切符を懸けて繰り広げた熱戦には、両校のスタンドから熱のこもった思いが届けられた。

JN062938

4年ぶり37度目となる夏の甲子園出場を決めた松商学園ナイン

切符

松商学園 7—2 長野日大

【評】松商学園は五回まで４安打で２得点にとどまったが、長野日大の右腕白根に疲れが見え始めた六回から打線がつながった。六回１死二塁から今井の右前適時打で勝ち越すと、その後の２死二塁から宮下、間中の連続適時打で２点を追加。七回は熊谷からの３連続長打で決定的な２点を加えた。同点の六回から継投した右腕今井は力のある直球を軸に三塁を踏ませず、反撃の芽をつんだ。

三回に平林の適時打で先制した長野日大は中盤まで競り合う展開に持ち込んだが、白根が100球を超えた六回から打ち込まれ、バックも要所で支えきれなかった。打線も６安打とつながりを欠いた。

決　勝　7/23　松本市野球場

長野日大	0	0	1	0	1	0	0	0	0	2
松商学園	0	0	0	2	0	3	2	0	X	7

(長)白根、中島－東海林 (松)栗原、今井－野田

松商学園
4年ぶり37度目夏

長野日大			打	得	安	点	振	球	犠	盗	失
⑨		平林	3	0	1	1	0	1	0	0	0
⑧		青木悠	3	0	0	0	1	0	0	0	1
H		二本松	0	0	0	0	0	1	0	0	0
R	8	丸山	0	0	0	0	0	0	0	0	0
④		松永	3	0	0	0	0	1	0	0	0
⑥		青木翔	4	0	1	0	1	0	0	0	0
③		西沢	4	0	0	0	0	0	0	0	0
⑦	1	中島	2	1	0	0	1	1	0	0	0
H		三ツ井	1	0	1	0	0	0	0	0	0
②		東海林	4	1	2	0	0	0	0	0	0
⑤		塚田	1	0	1	0	0	0	2	0	1
①	7	白根	2	0	0	1	1	0	1	0	0
		計	27	2	6	2	4	4	3	0	2

松商学園			打	得	安	点	振	球	犠	盗	失
⑨		宮下	5	1	1	1	1	0	0	0	0
⑦		間中	4	0	2	1	1	1	0	0	0
⑧		織茂	4	0	1	0	0	1	0	0	0
③		斎藤	4	0	0	0	2	1	0	0	0
⑤		熊谷	3	1	1	0	0	2	0	0	0
④		金井	3	2	1	1	0	2	0	0	0
②		野田	3	1	1	1	0	0	1	0	0
①		栗原	2	1	1	1	0	0	0	0	0
1		今井	1	1	1	1	0	1	0	0	0
⑥		吉水	3	0	1	1	1	0	1	0	0
		計	32	7	10	7	5	8	2	0	0

[三]宮下、熊谷[二]栗原、塚田、金井、野田▽残塁　長5松11[併]長0松2
▽試合時間　2時間9分

	投手	回	打	投	安	振	球	失	責
●	白根	6 1/3	34	121	10	5	5	7	7
	中島	1 2/3	8	34	0	0	3	0	0
	栗原	5	20	70	4	2	2	2	2
○	今井	4	14	49	2	2	2	0	0

優勝を決めて喜び合う松商学園ナイン

競争心と団結力、ここぞの連打で頂点

六回松商学園２死二塁、宮下が右越えに適時三塁打を放つ.

松商学園は三回に先制を許し、2回戦以来の追い掛ける立場になった。しかし、長野日大の右腕白根の球をしっかり見極め、球威が落ちた中盤以降に打線が真価を発揮。37度目の夏の甲子園への道を自力で切り開いた。

六回、先頭の金井が四球で出塁し、バントで好機を広げると、今井が高めに浮いた変化球に反応。右前打で勝ち越した。再びバントで走者を二塁に進め、宮下が「当たりは止まっていたが、今までの努力を信じて振り抜いた」と右越えの適時三塁打。間中も中前適時打で続いた。七回にも熊谷、金井、野田の3連続長打で2点を加え、白根をマウンドから降ろした。

昨秋の県大会は、北信越大会の切符が懸かった準決勝と3位決定戦でそれぞれ上田西と東京都市大塩尻に連敗。県内屈指の打力を誇りながら勝負どころでもろさを露呈し、藤石主将は「何度もミーティングを行い、チームで戦うことを確認した」。

今春の県大会は熊谷や今井がけがで万全な状態でなかったものの、間中や吉水らの台頭もあり、13季ぶりの頂点に立った。新戦力が加わったことでチーム内の競争も激化。春にスタメン落ちを経験した織茂は「『夏はスタメンに戻る』という強い競争心が成長につながった」。個の力にも磨きが掛かった。

今大会は全6試合で2桁安打をマークし、チーム打率は4割6厘。4回戦から復帰し、2試合連発を含む計3本塁打を放った熊谷は「もう昨秋のように『自分が決めなければ』とは思わない」と仲間への信頼を口にする。

練習や試合でミスがあればベンチ外の3年生からも厳しい声が飛ぶように、チーム全員が一つになっている。織茂は「団結力はどこにも負けない」と語り、足立監督も「優勝は総合力のたまもの」。2年ぶりに開かれる特別な舞台で輝く準備はできている。

勝利導いた背番号18

六回から救援登板し、4回無失点。六回の打席で勝ち越し打も放った。勝利の立役者は背番号18の今井だった。松商学園を4年ぶりの甲子園に導いた3年生は「仲間のおかげで結果に結び付いた」と強調した。

苦手な立ち上がりで先頭打者に四球を与えてしまったが、捕手の野田が盗塁を仕掛けた一走を刺したことで「落ち着けた。投球のリズムをつくることができた」。武器の直球をコースに投げ込み、この回を3人で切り抜けた。

すると、直後の攻撃は1死二塁の好機で打席が回る。2球で追い込まれたものの、「欲を出さず、来た球を打つ意識」で浮き球を右前にはじき返した。

4番を担った昨秋の県大会は、準々決勝の長野日大戦で2打席連続本塁打を放った。だが、3月の練習試合で右肩を故障。その後は満足に練習を積めず、春季大会はほとんど出場機会がなかった。「夏に間に合うのか不安もあった。でも、監督から『お前がチームを甲子園に連れていけ』と言われ、その言葉を励みにしてきた」。右肩はまだ万全ではないが、感謝の思いを胸に最後の夏に懸けている。

今大会は投手に軸足を置いたものの、甲子園では打者としても活躍を期す。「フルスイングして暴れたい。投手としても、自信のある真っすぐを投げ込みたい」。聖地でスポットライトを浴びることがチームのためになると心得ている。

六回から救援登板し、4回無失点と好投した松商学園の今井

六回松商学園1死二塁、今井の右前打で二走金井が勝ち越しの生還を果たす

背番号10の先発　試合をつくる

松商学園の先発投手は背番号10の栗原。5回2失点と試合をつくり「（1イニングを）最少失点で抑えられたのが大きかった」と振り返った。一、二回を3人ずつで終わらせる順調な立ち上がり。三回と五回にそれぞれ1点を失ったが、「打たれたのは仕方がない。次の打者を抑える」と引きずらず、後続を三振や飛球に打ち取った。

負傷の捕手が復帰　攻守でもり立て

準々決勝の上田西戦で二盗を試みた際に左人さし指に裂傷を負い、準決勝は出場のなかった捕手の野田が先発復帰。「投手のためになることが捕手の仕事」との言葉通り、攻守でもり立てた。まずは六回の守備。この回から救援した今井が先頭打者に四球を与えたが、素早い正確な送球で二盗を阻止。野田は「大きなプレーになって良かった」と笑顔を見せた。打撃では、七回1死二塁からの右中間二塁打で7点目を挙げ、今井を援護した。

限界近づき… 長野日大エース涙

勝負の分かれ目は、六回だった。

長野日大は先頭の松永が、代わりばなで制球が定まらない松商学園の今井から四球を選んで出塁。青木翔の初球バントがファウルになると、夏は初采配の松橋監督は2球目に盗塁のサインを出した。「(松永は)うちで一番走れる選手。勝負に出た」。しかし、二塁で刺され、武器の機動力で好機を広げて勝ち越そうという狙いは、相手の堅守に阻まれた。

試合前、松橋監督は松商学園の守備力を分析した上で「ギャンブルは難しい」と、盗塁を封印する考えを示していた。その方針を覆してでも勝負を懸けたのは、球数が増して限界が近づきつつあった大黒柱の白根を、何とかして援護しなければという焦燥感が募っていたからだろう。

準々決勝、準決勝と2試合連続完投した白根は、制球力を生かした投球がさえ、球数はそれぞれ102と109。終盤も球威が落ちない投球が決勝進出の原動力になった。しかし、この日は「相手のスイングが鋭くて、甘いところにいっちゃいけないとコースを意識した」と白根。大胆さよりも慎重さが上回り、準決勝まで計33回で5個しかなかった与四球が、この日は五回までに4個。球数も85球に達した。

白根は六回の先頭を5個目の四球で出すと、1死二塁から今井に投じた98球目の決め球が甘くなって右前に運ばれ、勝ち越しを許した。七回に3連続長打を浴びたところで降板。「本当に悔しい」と目を閉じた。

「白根がいたから決勝まで勝ち上がれた。どんなに疲れていても、自分が投げきるんだという気持ちが伝わってきた」と捕手の東海林。松橋監督も「中盤まで互角に渡り合えたのは、白根が丁寧に投げてくれたから」と賛辞を惜しまない。それでも、仲間とともに甲子園出場という夢を叶えられなかったエースは「みんなが先制してくれた。それを守り切れなかった」と涙が止まらなかった。

六回2死三塁からの適時打で5点目を奪われ、マウンドで話し合う長野日大の白根(左)と東海林

狙い通りの先制
主導権は握れず

長野日大の松橋監督は試合前、「勝つには競り合うしかない。松商はそういう試合をやっていないから」と語っていた。

三回長野日大２死二塁、平林の適時打で二走東海林が先制のホームイン

5試合のうち4試合がコールド勝ちの相手に重圧を掛けるには、先制点が効果的。三回、狙い通りに先制した。

松商学園の左腕栗原に対する狙い球は、右打者が内角直球で、左打者がカウントを整える変化球。右打者の東海林が中前打で出塁すると、2死二塁で左打者の平林主将が「白根を援護したい一心で」先制の右前打を放った。

逆転された直後の五回には、無死一塁から東海林が左前打でつなぎ、白根の右犠飛で再び同点とした。ただ、東海林は「もっと点を取って白根を助けたかった」。浮き球が多かった栗原を崩しきれず、主導権を握ることはできなかった。

「2点止まりはあくまで結果。やってきたことは出し切った」と平林。六回以降は救援の今井から反撃の機会をつくれず、2度目の夏の甲子園出場はかなわなかった。

三回長野日大2死二塁、平林が先制の右前適時打を放つ

●**長野日大・青木翔**（全試合で4番を務めた2年生）「3年生に支えられて大きな経験ができた。次は自分が引っ張って夏の決勝に戻ってきたい」

●**長野日大・松永**（六回に二盗を試みるもタッチアウト）「無心で走ったけれど、相手が素晴らしかった。もう半歩リードできていれば…」

●**長野日大・松橋監督**「接戦に持ち込む理想的な展開だったが、白根は100球を超えたところで球に力がなくなり、相手の打力が上回った。ただ、選手はよくやった。試合を重ねるごとにすごく成長した。3年生の頑張りに尽きる」

打線底上げ 総合力の松商V

準優勝の長野日大 エースがけん引
岡谷南・高遠・上田染谷丘…公立校 春に続き躍進

第１０３回全国高校野球選手権長野大会（７月３～23日・松本市野球場ほか）は、第１シードの松商学園が優勝し、夏は４年ぶり37度目の甲子園出場を決めた。Ａシード８校がそろってベスト８入りし、４強も春の県大会と同じ顔触れ。順当に勝ち上がったシード校の中で、成長度で他を上回った伝統校が頭一つ抜けた総合力を示した。

松商学園は全６試合で２桁安打を放ち、チーム打率は４割６厘を記録した。中軸の織茂と斎藤は勝負強く、間中、金井らも高い出塁率で脇を固めた。けがで出遅れていた熊谷は４回戦から先発に加わり、４試合で３本塁打を含む５本の長打を放った。激しいチーム内競争で底上げに成功した打線は、相手の立ち上がりや球威が落ちた終盤に畳み掛ける集中力があった。準々決勝で上田西の左腕山口、決勝では長野日大の右腕白根を攻略した。

投手陣は右腕渡辺創、左腕栗原の２本柱に加え、大会終盤は今井がリリーフで活躍した。プロ球団も注目する最速１４５キロ右腕の状態が上向いているのは、甲子園に向けた明るい材料と言える。

長野日大は投手力と機動力を生かした戦いで12年ぶりの決勝進出を果たした。エース白根がけん引役となったが、初の連投となった決勝は疲労が色濃く、７失点で七回途中降板。２番手以降の投手を底上げできず、準々決勝以降は白根に頼らざるを得なかった。

春に続き、岡谷南や高遠、上田染谷丘などの公立校の躍進も目立った。共に冬場は打力強化に努め、岡谷南や高遠は私立校に引けを取らない得点力を発揮。岡谷南の高橋、高遠の登内の両右腕は小さく変化する球や内角を果敢に攻める投球が光り、配球や制球力で打者を抑えられることを示した。

一方、昨秋の北信越大会に出場した佐久長聖、上田西、東京都市大塩尻の３校は準々決勝で姿を消した。春の選抜大会にも出場した上田西は、中心打者の状態が上向かず、最後まで打線が機能しなかった。佐久長聖と東京都市大塩尻はともに零封負け。３校とも昨秋からの成長度という点で物足りなかった。

（信濃毎日新聞社運動部記者　千野裕理）

優勝し記念写真に納まる松商学園の選手＝23日、松本市野球場

第103回全国高等学校野球選手権
長野大会

優勝校　松商学園（4年ぶり37度目）

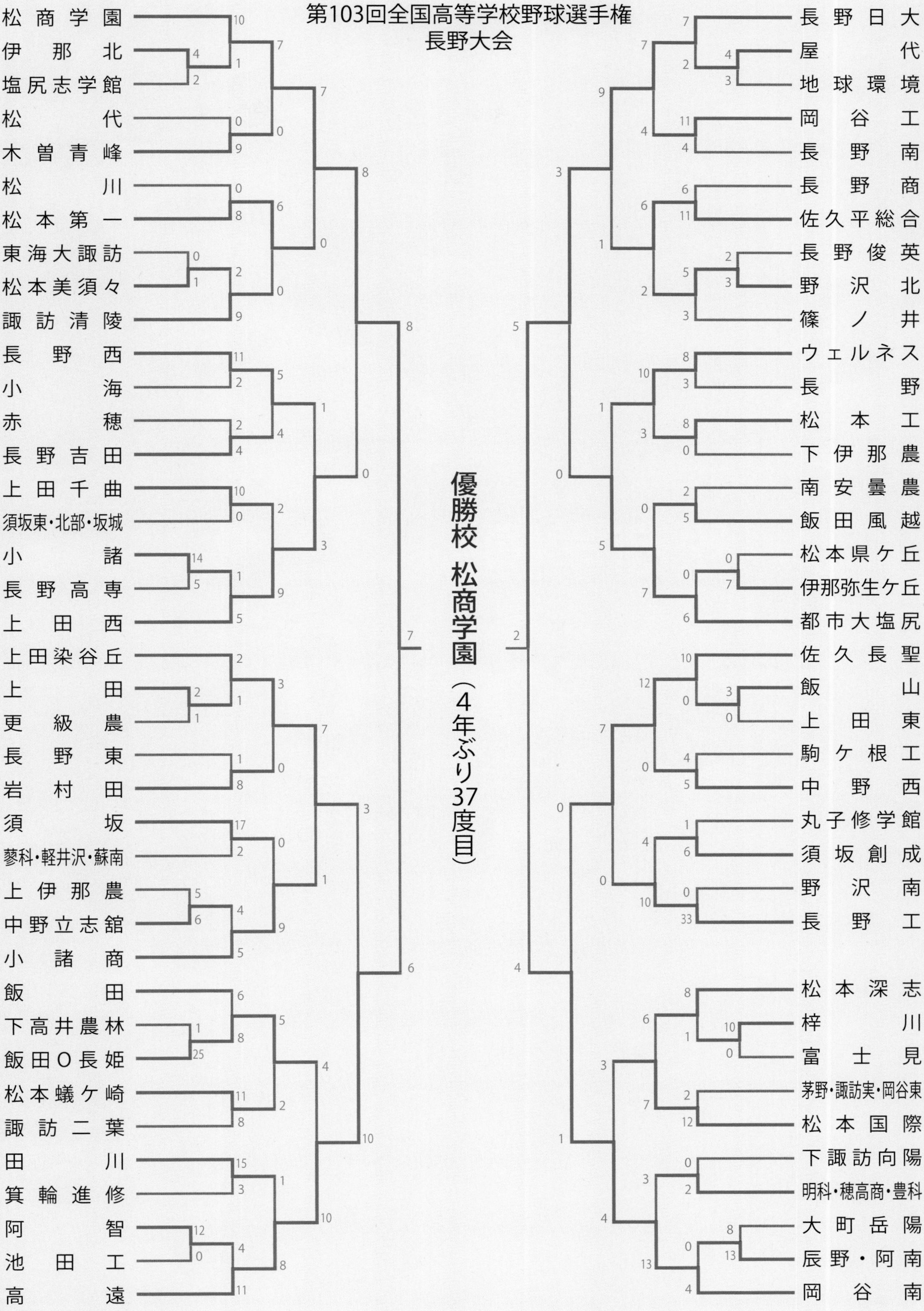

BEST ベスト4

松商学園 8－6 高遠

長野日大

5－4

岡谷南

初回攻撃から集中力

一回松商2死満塁、金井の内野安打で生還し、仲間と喜ぶ三走織茂(右から2人目)と二走斎藤(右)

準決勝 7/22 松本市野球場

ベスト4

松商学園 8―6 高遠

	1	2	3	4	5	6	7	8	9	計
高遠	0	0	0	0	2	0	0	4	0	6
松商学園	3	0	1	3	0	0	0	1	X	8

(高) 登内 柳原 湯田―阿部 (松) 渡辺創 栗原 今井―藤石
[本] 熊谷 (松)

全員がつなぐ意識 エースを攻略

初の4強進出を果たした高遠の勢いを警戒し、松商学園の4番斎藤は「相手の流れにはしたくない。何が何でも序盤を制したかった」。春の県大会準決勝の対戦経験を生かし、一回の攻撃で集中力を発揮した。

1死から四球と安打などで一、三塁。斎藤はカウント2―2から2球ファウルでしのぎ、「勝負球は外。(登内の球筋は)春の対戦で頭に入っていた」。逆らわない打撃で三遊間を破り、先制した。その後の2死満塁では金井が「時折甘い球があることは分かっていた。その1球だけを狙っていた」。真ん中にきた球を振り抜き、内野手を強襲する内野安打で2点を加えた。

三回には、準々決勝の上田西戦で2本塁打の熊谷が2試合連発となるソロ。四回にも2四球と3安打で3点を追加し、この回で登内をマウンドから降ろすとともに試合の大勢を決めた。

11安打のうち7本がセンターから逆方向への打球だった。球を動かして打たせて取るのが登内の真骨頂だが、各打者が手元まで引きつけて攻略した。大振りせずにつなぐ意識を持ち、今大会は全5試合で2桁安打を記録している。

【評】 松商学園は8得点のうち、6点を2死から奪う勝負強さが光った。一回は1死一、三塁から斎藤の左前打で先制し、その後の2死満塁から金井の2点適時内野安打で計3点。立ち上がりで主導権を握った。三回は2死無走者から熊谷が左越えソロ。四回は2死一、二塁から間中や斎藤の適時打で3点を加えた。

高遠はエース登内が7失点で四回途中降板。五回に湯田が反撃の口火を切る2点適時打を放ち、八回は無死満塁から押し出し四球や阿部の適時打などで2点差に迫ったが、序盤の失点を取り返せなかった。

高遠		打	安	点	振	球
②	阿部	5	1	1	1	0
⑤75	井上	4	1	1	1	1
④1	湯田	5	1	2	2	0
⑥	小池	2	0	0	1	3
③	白鳥	4	1	0	0	1
⑦17	柳原	4	1	0	1	1
⑧	小松快	4	2	0	1	1
①	登内	1	0	0	1	0
5	友野	1	0	0	0	0
4	竹村駿	0	0	0	0	0
H	栗田	0	0	1	0	1
R4	井沢夏	0	0	0	0	0
H	城倉	1	0	0	1	0
⑨	井沢伶	3	1	1	2	0

犠	盗	失	併	残	打	安	点	振	球
2	0	0	0	11	34	8	6	11	8

松商学園		打	安	点	振	球
⑨	宮下	4	1	1	1	0
⑦	間中	4	2	1	0	1
⑧	織茂	3	1	0	0	1
③	斎藤	5	2	3	1	0
⑤	熊谷	5	2	1	0	0
②	藤石	4	1	0	0	1
④	金井	2	1	2	1	2
①	渡辺創	3	1	0	0	0
1	栗原	0	0	0	0	0
1	今井	0	0	0	0	0
⑥	吉水	3	0	0	2	1

犠	盗	失	併	残	打	安	点	振	球
3	4	1	1	10	33	11	8	5	6

[二]藤石[暴]渡辺創、栗原3
▽試合時間2時間57分

投手	回	打	安	振	球	責
登内	3 2/3	20	6	2	3	7
柳原	2 1/3	15	4	2	3	1
湯田	2	7	1	1	0	0
渡辺創	6	27	5	7	4	0
栗原	2	12	3	3	2	4
今井	1	5	0	1	2	0

高遠が終盤の追い上げ

これまで夏はベスト16が最高成績だった高遠の挑戦が終わった。春の県大会準決勝で敗れた松商学園に再び決勝進出を阻まれたが、最大で7点あった点差を2点に縮める粘りを見せ、高重監督は「選手たちはすごい」と褒めたたえた。

反撃開始は五回。2死から敵失と四球などで二、三塁とし、湯田は「前の打席もストレートで打ち取られた。2ボールだったので（ストライクを）入れてくる」。読み通り来た直球を右前に運び、まずは2点を返した。

八回は、阿部の適時打など打者8人で4得点。七回から救援した松商学園の栗原に対し、ベルト付近の球を狙う意識を徹底。狙い球を絞る一方、相手の乱調にも付け込んだ。

「選手自ら練習メニューを考えながらやってきた。勝てなくて悔しいけれど、その成果は出せた」と主将の井沢伶。夏の快進撃は止まったが、松商学園に2-13で六回コールド負けした春からの成長は確かに示した。

●**高遠・高重監督**「選手にはビッグイニングが必ず来ると伝えていた。登内は途中降板したが、彼がチームを押し上げてくれた。褒めてあげたい」

八回高遠１死一、二塁、阿部が中前適時打を放ち、５点目

躍進劇は4強で幕

高遠は四回までに喫した7失点が最後まで響いた。春の県大会でコールド負けした松商学園の打線を警戒するあまり、「カウントを悪くして甘い球を打たれた」と先発の登内。本塁打を含む短長6安打を許して四回途中降板したエースは「余裕を持って投げれば良かった」と悔やんだ。

四回2死一、二塁でマウンドを引き継いだ柳原は適時打を浴びたものの、「松商打線は変化球にタイミングが合っていなかった」と縦のスライダーを軸に踏ん張り、五、六回の無失点で流れを呼び込んだ。捕手の阿部も「気持ちを前に思い切って投げてこい」ともり立てた。

3投手とも、阿部のサイン通りに投げ込む姿が印象的だった。登内は「ずっと勝てる配球を話し合ってきたから、首を横に振らなかった」。互いを信じ合いながら演じた高遠ナインの躍進劇は準決勝で幕を下ろした。

八回高遠１死一、二塁、阿部の中前打で二走小松快がホームイン

泥くさい野球で逆転

五回長野日大１死満塁、西沢の中犠飛で
三走青木悠（中央）が４点目の生還

準決勝　7/22　松本市野球場

ベスト4

長野日大　5－4　岡谷南

	1	2	3	4	5	6	7	8	9	計
岡谷南	1	0	0	0	0	2	0	1	0	4
長野日大	0	0	0	0	5	0	0	0	X	5

（岡）星野　高橋－味沢（長）白根－東海林
［本］星野、小口航（岡）

【評】長野日大は1点を追う五回、5四死球で得た好機を確実に得点に結び付けた。3四死球などの1死満塁から青木悠の適時打で同点に追い付き、押し出し四球で勝ち越し。青木翔の適時打、西沢の犠飛などでリードを広げた。白根は2本塁打を含む8安打を浴びながらも我慢し、109球で完投した。

岡谷南は一回に敵失で先制したものの、二回以降は攻めきれなかった。六回に星野の2ラン、八回に小口航の右越えソロで1点差に迫る粘りを見せたが、畳み掛けることはできなかった。

走力や小技生かし
打者一巡の猛攻

打者はバントの構えを見せ、走者は果敢に離塁する―。1点を追う五回、長野日大は手持ちのカードをフル活用し、岡谷南の左腕星野を揺さぶった。制球を乱した星野から5四死球を奪い、全3安打をこの回に集中。打者10人の攻撃で5点を奪い、逆転に成功した。

3四死球で得た1死満塁の絶好機で打席に立った1年生の青木悠は「先輩たちの声が後押しとなり、甘い球をフルスイングできた」と同点の左前適時打。松永は「スクイズを警戒すれば制球が乱れる」と、バントの構えで揺さぶり、勝ち越しの押し出し四球を得た。

準々決勝までの星野の投球を分析。苦しい時に右打者は外角、左打者は変化球でカウントを整えようとする傾向があり、そこに目を付けた松橋監督は「狙い球以外には手を出すな」と指示。その後の青木翔や東海林が狙い球を適時打とした。

松橋監督は4月の就任直後、選手に尋ねた。「きれいな野球で負けるのと、泥くさいけれど勝つ野球。どちらを目指すのか」。選手たちが選んだのは泥くさい野球。それまでは個々の打力に頼っていたが、持ち前の走力や小技を生かした攻撃を徹底的に磨いた。松永が「今はどんなに厳しい状況でも1点をもぎ取れる」と語るように選手は自信を深めている。

岡谷南		打	安	点	振	球
⑧	古野	3	1	0	1	1
⑥	小口航	2	1	1	0	0
②	味沢	4	2	0	0	0
①9	星野	4	1	2	0	0
⑨7	林宏	4	0	0	0	0
⑦9	林琉	3	0	0	0	0
1	高橋	1	0	0	1	0
③	山田	4	2	0	0	0
R	柴	0	0	0	0	0
⑤	佐藤	4	0	0	2	0
④	花岡	4	1	0	1	0

犠	盗	失	併	残	打	安	点	振	球
2	1	2	2	5	33	8	3	5	1

長野日大		打	安	点	振	球
⑨	平林	3	0	0	1	2
⑧	青木悠	3	1	1	2	1
④	松永	1	0	1	1	2
⑥	青木翔	4	1	1	0	0
③	西沢	1	0	1	0	2
⑦	中島	3	0	0	3	1
②	東海林	3	1	1	0	1
⑤	塚田	2	0	0	0	2
①	白根	3	0	0	0	0

犠	盗	失	併	残	打	安	点	振	球
3	0	1	0	8	23	3	5	7	11

暴 星野
▽試合時間 1時間52分

投手	回	打	安	振	球	責
星野	6	31	3	6	10	5
高橋	2	6	0	1	1	0
白根	9	36	8	5	1	3

岡谷南2発 一歩及ばず

エース、打撃で意地

六回岡谷南2死一塁、中越えに2点本塁打を放つ星野（捕手東海林）

5四死球が絡んだ五回の5失点が響いた岡谷南。先発した星野の荒れ球は持ち味でもあるため、春原監督は「織り込み済み」と責めなかった。

悔やんだのは攻撃面。3安打の長野日大を上回る8安打を放ったものの、打線がつながりきらず4得点にとどまった。

六回の攻撃に入る前、春原監督は「うちは終盤の強さが備わってきた。我慢して付いていこう」と選手たちを鼓舞。2死一塁から星野が中越え2ランを放つと、八回は先頭の小口航が「逆転の起点になればと思い、初球の真っすぐを読んでいた」と右越えソロを放った。

ただ、一発は出ても連打が出なかった。走者がいない時は外角直球とカーブで投球を組み立てた長野日大の白根に対し、「走者を出してからは巧みに内角を突かれた」と古野。「頭で分かっていても、球威があって難しかった」と苦戦の要因を語った。

準優勝した1989年以来となる32年ぶりの決勝進出はならず、春原監督は「選手は力を出してくれたと…」と話したところで涙を浮かべ、声を詰まらせた。山田は南信地区の公立2校がベスト4に入った意義を強調し、「新しい歴史をつくれた」と胸を張った。

●岡谷南・高橋主将 「誰ひとり諦めることなく、全力でプレーすることができた。（七回からの救援登板は）星野の様子を見ながらアップを始め、持ち味を出せた」

エース星野は五回に突如崩れた。「厳しい暑さの中、突然力が入らなくなり、腕が振れなくなった」。バントの構えで揺さぶられ、5四死球が絡む5失点。下半身の力も使って制球を安定させようと試みたが、「修正しきれなかった。力不足だった」と真摯《しんし》に受け止めた。

4番も務め、直後の六回の攻撃は2死一塁から外角に来た第1ストライクをバックスクリーン左に運んだ。「絶対取り返してやる思いだった」。13打席ぶりの安打は、主砲の意地を見せる一発だった。

過去最高成績に並ぶ32年ぶりの決勝進出はならなかった。「甲子園を目指してやってきたので、とても悔しい」と星野。それでも「最高の仲間や監督、コーチらに恵まれた。本当に満足できる高校野球だった」と持てる力は出し切った。

八回岡谷南無死、右越え本塁打の小口航

松商学園 8－0 上田西

高 遠 10－3 上田染谷丘

長野日大 3－0 都市大塩尻

岡谷南 1－0 佐久長聖

松商学園　難敵打ち崩す

準々決勝　7/17　松本市野球場

松商学園　8 — 0　上田西

	1	2	3	4	5	6	7	計
上田西	0	0	0	0	0	0	0	0
松商学園	2	2	1	0	3	0	X	8

七回コールドゲーム（上）山口、堀内ー小川（松）栗原ー野田、藤石　[本] 熊谷２（松）

五回松商学園１死三塁、２打席連続となる本塁打を左中間に放ち、一塁を回る熊谷（右）

【評】松商学園が上田西の左腕山口を攻略した。低めを見極めて浮いた球を狙う打撃を徹底し、一回に織茂と熊谷の適時打など3安打で2点を先取。二回以降も切れ目のない攻撃で得点を重ね、熊谷の2打席連続本塁打など長打力も光った。左腕栗原は力のある直球を軸に2安打零封した。

上田西は序盤の失点で後手に回ると、一度も先頭が出塁できず反撃の糸口をつかめなかった。

「組み合わせが決まった時から上田西と山口のことが頭の片隅にあった」（藤石主将）。昨秋の県大会準決勝で苦杯を喫し、今夏最大の難敵と捉えてきた左腕を松商学園打線が打ち崩した。

一回の先制点で主導権を奪った。1死から間中が左前打で出塁し、織茂は「狙い球は絞らず、浮いた球に反応した」。初球の直球を捉え、右中間を破る適時二塁打。2死後、熊谷の適時打で1点を加えた。

二回も追撃する。2四球などで2死一、二塁とし、間中は「最初の打席で打った変化球は来ない。外の真っすぐでカウントを取ってくる」。読み通りに直球をはじき返し、左翼への三塁打。三回以降も熊谷の2打席連弾などで大勢を決した。

足立監督の「低めの球には手を出すな」という指示を選手たちが遂行した。山口の生命線のスライダーを見極めて有利なカウントに持ち込み、甘い球を呼び込んだ。

上田西エース打たれる

春の選抜大会に出場を果たし、甲子園のマウンドで躍動した上田西の左腕山口が、松商学園打線の勢いにのみ込まれた。10安打を浴びて8点を失い、五回途中降板。「相手の方が上だった。力不足」と、さばさばした表情で負けを受け止めた。

115球で完投した4回戦から中2日。「ボール自体は悪くなかった。でも、甘い球を相手が逃さず打ってきた」と捕手の小川。「投げていて研究されているなと感じていた。スライダーを振ってくれなかった」と話した山口は、マウンドでじわじわと追い詰められていった。

選抜大会は初戦で広島新庄と延長十二回の熱戦を演じたが、サヨナラ負け。甲子園で勝つことを目標に臨んだ夏の戦いは、長野大会のベスト8で終えた。

二回のピンチにマウンドで話す上田西の山口（右）と小川

●上田西・柳沢主将「いつも（山口）謙作に助けられているので、打って助けてあげたかった。最後まで自分たちの野球ができなかった」

上田西		打	安	点	振	球
⑧	笹原	3	0	0	0	0
⑨	梅香	3	0	0	0	0
⑥	柳沢	2	0	0	0	1
⑦	大藪	2	0	0	1	0
H	滝沢	1	0	0	1	0
7	上島	0	0	0	0	0
⑤	飛鳥井	2	0	0	2	1
④	土岐	2	0	0	1	1
③	杉浦	3	1	0	0	0
②	小川	2	1	0	0	0
①	山口	2	0	0	1	0
1	堀内	0	0	0	0	0

犠盗失併残
0 0 0 0 4 22 2 0 6 3

松商学園		打	安	点	振	球
⑧	忠地	3	0	0	0	1
⑦	間中	4	3	2	1	0
⑨	織茂	4	2	1	1	0
③	斎藤	3	1	1	0	0
⑤	熊谷	3	3	4	0	0
②	野田	2	1	0	0	0
2	藤石	1	0	0	1	0
④	金井	2	0	0	0	1
①	栗原	2	1	0	0	1
⑥	吉水	2	1	0	1	0

犠盗失併残
1 0 0 1 4 26 12 8 4 3

三間中、斎藤二織茂、小川
▽試合時間１時間44分

投手	回	打	安	振	球	責
山口	4⅓	23	10	2	2	8
堀内	1⅔	7	2	2	1	0
栗原	7	25	2	6	3	0

一回高遠1死二、三塁、小松快が中前に2点適時打を放ち、5－0とする（捕手中曽根）

高遠全開　強気の先制劇

【評】高遠は一回の5得点で主導権を握った。2四球と単打で無死満塁とし、小池の2点適時打で先制。1点を加えた直後の1死二、三塁からは小松快が2点適時打。ともに高めの直球に振り負けなかった。登内は155球の熱投で3失点完投した。
上田染谷丘は失点の大半が四球絡み。五回に滝沢静が3ランを放ったが、大差を追う打線はつながりを欠いた。

高遠と上田染谷丘の公立校同士がぶつかった試合は、一回から大きく動いた。高遠の高重監督は「前半からぶつかって、主導権を取ろう」と選手たちの闘争心に着火。春の県大会で4強を経験したチームは、夏の大舞台でも力を爆発させた。

相手投手の不安定な立ち上がりを突いて2四球と単打で無死満塁とすると、小池は「4番の自分が打って流れを持ってくる」。カウント2－2から胸付近の高さにきた直球にバットをかぶせて左中間に運び、狙い通り2点を先取した。内野ゴロで1点を追加し、なお1死二、三塁で打席には小松快。「真っすぐ狙い」と高めを小池と同じ打撃ではじき返し、大きな2点を加えた。

2投手の継投で勝ち上がってきた上田染谷丘は、両右腕とも高いリリースポイントから角度のある球を投げるのが特徴。高遠は、膝丈の台を3段重ねにした上に打撃練習用のマシンを置いたり、打撃投手が特製の台に乗ったりして角度のある球を打つ練習を繰り返した。ボールの上をたたき、低い打球を打つ意識づけは一回の適時打2本に結実。小池は「最初のチャンスで打てたことが大きかった」と胸を張った。

8点差から意地の3ラン

「自分が流れを変えたかった」。五回で点差は8点に広がったが、上田染谷丘の滝沢静はまだ諦めていなかった。五回2死一、二塁で「インコースの球を待っていた」と肘をたたんで振り抜き、右翼芝生席へ公式戦初本塁打。「素直にうれしかった」と、歓喜する仲間たちの姿を脳裏に焼き付けた。

「もう1本打ちたかった。狙っていた外の真っすぐが来たけれど、最後は実力と気持ちが足りなかった」。併殺打で最終打者となったことを悔やみつつ、勝利を信じて戦い抜いた3年生の表情は晴れやかだった。

五回染谷2死一、二塁、右越えに3点本塁打を放ちガッツポーズで生還する滝沢静

準々決勝　7/18　松本市野球場

高遠 10－3 上田染谷丘

高遠	5	0	1	0	2	0	0	0	2	10
上田染谷丘	0	0	0	0	3	0	0	0	0	3

（高）登内－阿部　（染）市河　戸田－中曽根　［本］滝沢静（上）

●上田染谷丘・戸田（6回4失点）「無失点で終われず悔しい。春も夏も最高に良いベンチの雰囲気の中で試合ができて楽しかった」

高遠		打	安	点	振	球
②	阿部	3	3	0	0	3
⑤	井上	3	2	1	0	2
④	湯田	5	1	2	0	1
⑥	小池	5	1	3	0	0
③	白鳥	4	1	0	0	2
⑦	柳原	5	0	1	0	0
⑧	小松快	3	1	2	1	2
①	登内	3	0	0	2	1
⑨	井沢伶	4	0	0	1	1

犠盗失併残
4 1 0 1 14　35 9 9 4 12

上田染谷丘		打	安	点	振	球
⑧	小林頌	4	1	0	1	0
H	唐沢	1	1	0	0	0
⑦	滝沢静	5	2	3	0	0
③	荻原	3	1	0	1	1
⑤	鳴沢	4	1	0	1	0
⑨	花岡	4	2	0	2	0
①4	市河	4	1	0	1	0
④	西沢	1	0	0	0	0
1	戸田	3	0	0	1	0
②	中曽根	3	0	0	3	0
H	坂口	0	0	0	0	1
⑥	宮腰	1	0	0	0	2
H	武井	1	0	0	0	0

犠盗失併残
0 0 4 0 8　34 9 3 10 4

二 阿部、荻原　暴 戸田2
▽試合時間2時間44分

投手	回	打	安	振	球	責
登内	9	38	9	10	4	3
市河	3	21	4	3	6	5
戸田	6	30	5	1	6	4

最後の打者を三振に仕留め、雄たけびを上げる長野日大の白根

準々決勝　7/18　松本市野球場

長野日大 3－0 都市大塩尻

都市大塩尻	0	0	0	0	0	0	0	0	0	0
長野日大	0	0	0	0	0	0	0	3	X	3

（都）今野－松田　（長）白根－東海林

【評】長野日大の白根は140キロに迫る直球に威力があった。九回に１死満塁のピンチがあったものの、後続を捕飛と三振に仕留めて完封した。打線は八回１死満塁からの内野ゴロで返球がそれる間に２者が生還。松永のセーフティースクイズ（記録は犠打野選）で１点を加えた。

　都市大塩尻は今野が８回を４安打にとどめたものの、守備の乱れが失点につながり、打線も援護できなかった。

長野日大エース　磨いた直球

　味方打線が3点を先制した直後の九回のマウンド。長野日大の白根は3安打を浴び、1死満塁のピンチを背負った。「気持ちで負けていた」。頼ったのは自信のある直球。捕飛で2死とし、最後はこの日最速の139キロで空振り三振。完封勝利を決めた瞬間、帽子が吹き飛ぶほどのガッツポーズで雄たけびを上げた。

　相手が早いカウントから振ってくることに気付き、捕手の東海林と話し合った。「きょうはストレートが切れていた。高めで誘ってフライを打たせた」と白根。狙い通りの投球で球数を抑え、9回を102球。球威は最後まで落ちなかった。

　佐久長聖を完封した今春の県大会準々決勝で投球のこつと手応えをつかんだ。それまでは常に全力投球だったが、「ランナーを出した時にトップギアにすればいいと分かった」。投球スタイルを一変させると、球速も春から5キロほど上がった。今大会は4試合で計24回を投げて自責点1。昨秋の背番号「10」が、絶対的なエースに成長した。

●都市大塩尻・今野投手（八回の先頭を四球で出して３失点）「相手の流れを切りたかったが、逆に力が入ってしまった。甘さが出た」

都市大塩尻　堅守が…

　八回、都市大塩尻は四球と犠打野選などで1死二、三塁のピンチを招くと、申告敬遠で満塁策を選んだ。内野ゴロを打たせ、本塁併殺で無失点―。そんな青写真を描いたが、ここで絶対の自信を持つ守りにほころびが出た。

　マウンドの今野は注文通りのゴロに打ち取ったが、不規則な回転がかかっていた打球を内野手がファンブル。拾い直して本塁に送球したが、左にそれた。2人の生還を許し、さらにセーフティースクイズ（記録は犠打野選）で計3失点。主将の松田は「自信のある守備でやられた。もったいなかった」と、仲間たちの思いを代弁した。

　長野日大の白根が投げ込む直球を積極的に振っていったが、八回まで散発3安打。早打ちが結果的に相手の球数を減らし、終盤まで球威を保った直球に差し込まれた。九回1死満塁も実らず、長島監督は「白根君のボールが上回った」と零敗を受け止めた。

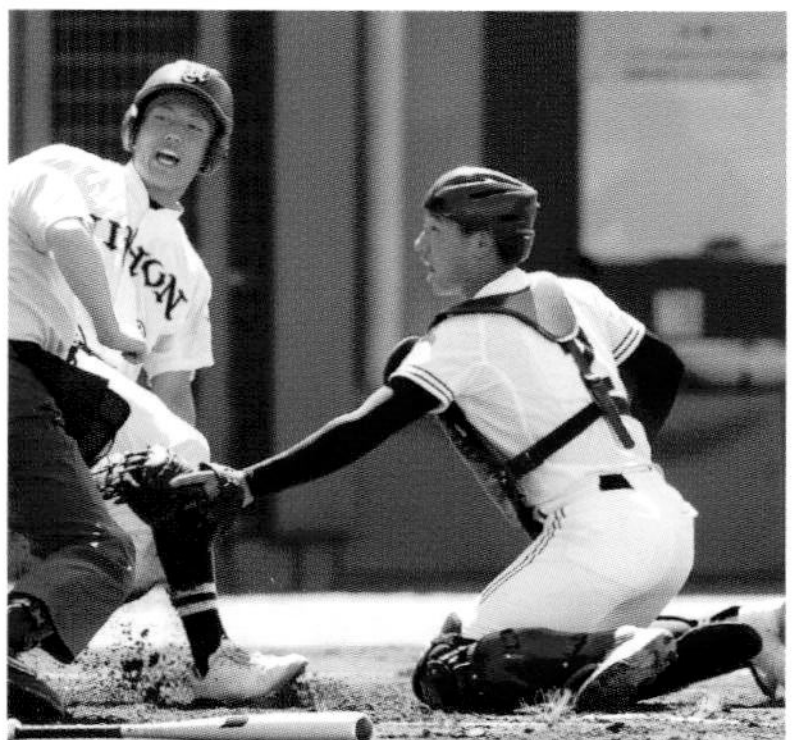

一回長野日大２死二塁、都市大塩尻は中前打で本塁を狙った二走平林（中央）を好中継で捕手松田がタッチアウトにする

都市大塩尻	打	安	点	振	球
④7 吉井	3	0	0	0	1
⑧ 渡辺	3	1	0	0	0
⑥ 佐野	4	1	0	1	0
⑤ 米本	4	1	0	1	0
② 松田	4	1	0	1	0
⑨ 内山	4	1	0	0	0
① 今野	2	0	0	1	0
H 鈴木	1	0	0	1	0
⑦ 武井	3	0	0	1	0
4 米山	0	0	0	0	0
③ 炭田	3	1	0	1	0

犠盗失併残
2 0 3 0 7　31 6 0 7 1

長野日大	打	安	点	振	球
⑨ 平林	3	0	0	1	1
⑧ 青木悠	2	0	0	0	0
H 山口純	1	0	0	0	0
R8 丸山	0	0	0	0	0
④ 松永	3	0	1	1	0
⑥ 青木翔	3	2	0	0	0
③ 西沢	4	0	0	0	0
⑦ 中島	2	0	0	1	1
② 東海林	2	1	0	0	1
⑤ 塚田	2	1	0	0	0
① 白根	2	0	0	0	0

犠盗失併残
5 0 0 0 5　24 4 1 3 3

三炭田　二青木翔
▽試合時間1時間49分

投手	回	打	安	振	球	責
今野	8	32	4	3	3	0
白根	9	34	6	7	1	0

岡谷南　左右2投手で零封

【評】岡谷南が九回に均衡を破り、接戦をものにした。先頭の古野が三塁打を放ち、小口航のセーフティースクイズ（記録は内野安打）で1点をもぎ取った。先発の高橋が7回無失点と好投し、救援の星野も佐久長聖に得点を許さなかった。

佐久長聖は一～四回に走者を得点圏に進めながら先制できず、八回まで無失点と力投した出口を援護できなかった。

八回から救援した左腕星野が最終打者を三ゴロに打ち取った瞬間、先発の高橋は一目散にマウンドへ駆け寄った。小学生の時から同じチームで野球を続けてきた仲間との継投で、昨夏の代替大会と昨秋の県大会を制している佐久長聖を零封した。

エースは星野だが、外の変化球を打つのがうまい打者がそろう佐久長聖打線に対し、岡谷南の春原監督は「抑えるには内角を突くことが重要」と、制球の良い高橋に先発を任せた。

右腕は起用に7回無失点の好投で応える。苦手な立ち上がりに安打と四死球で2死満塁としたが、「楽しむことを意識したら力みが抜けた」。左飛で切り抜けると、二回以降もスコアボードに「0」が並ぶ緊張感の中、内角を果敢に攻めて凡打の山を築いた。

マウンドを引き継いだ星野も「高橋の直球に詰まり気味だったので、自分も真っすぐで押した」。この日解禁したチェンジアップも交え、2回無失点と役割を果たした。

佐久長聖好機で一本出ず

4回戦までの3試合を無失点で勝ち上がってきた佐久長聖は、この日もバッテリーを中心とした堅い守りで岡谷南を最少失点に抑えた。「よく守っていた」と藤原監督。しかし、好機で一本が出ず、昨夏の代替大会に続く2年連続優勝を逃した。

一～四回の先制機を逃したことが最後まで尾を引いた。低めを突いた岡谷南の右腕高橋に対して凡打を重ねた。「ナチュラルに動いた」（清水）直球に苦戦。二回は江原の左前打と暴投などで1死三塁としたが、後続が三振と三邪飛で逸機。指揮官は「振り返るとスクイズでも…。先手を取りたかったが、もらったチャンスで畳みかけられなかった」と悔やんだ。

八回岡谷南2死一塁、佐久長聖は江原からの送球を受けた二塁手の佐藤（右）が二盗を阻止

●佐久長聖・出口（八回まで無失点）「走者が出ても冷静に対応できた。（九回の三塁打は）いいカウントにしようと、少し置いてしまった」

準々決勝　7/17　松本市野球場

岡谷南　1－0　佐久長聖

岡谷南	0	0	0	0	0	0	0	0	1	1
佐久長聖	0	0	0	0	0	0	0	0	0	0

（岡）髙橋、星野－味澤　（佐）出口、藤井－江原

岡谷南		打	安	点	振	球
⑧	古野	4	2	0	1	0
⑥	小口航	4	1	1	1	0
②	味沢	4	3	0	0	0
⑨1	星野	4	0	0	2	0
⑦97	林宏	4	1	0	0	0
③	山田	3	0	0	2	0
④	花岡	3	0	0	0	0
⑤	佐藤	3	2	0	0	0
①	高橋	1	0	0	0	0
H79	林琉	1	0	0	0	0

犠盗失併残
1 1 0 0 4　31 9 1 6 0

佐久長聖		打	安	点	振	球
④	佐藤	5	1	0	1	0
⑧	奥玉	4	0	0	0	1
⑨79	清水	3	1	0	0	1
⑤	良元	2	0	0	0	2
③	原	3	0	0	1	1
⑦	寺川	2	0	0	0	0
H9	内海	1	0	0	0	0
H7	大宅	0	0	0	0	1
②	江原	4	2	0	0	0
⑥	森本	3	0	0	0	0
①	出口	3	0	0	1	0
1	藤井	0	0	0	0	0
H	朝田	0	0	0	0	1
R	杉山	0	0	0	0	0

犠盗失併残
1 2 0 1 1　30 4 0 3 7

三古野　二林宏　暴高橋
▽試合時間2時間4分

投手	回	打	安	振	球	責
高橋	7	30	4	2	5	0
星野	2	8	0	1	2	0
出口	8⅔	28	8	5	0	1
藤井	1	4	1	1	0	0

九回岡谷南無死三塁、小口航のセーフティースクイズで三走古野（左）が生還する（捕手江原）

松商 3試合連続2桁安打

4回戦　7/14　松本市野球場

ベスト16

松商学園 7－0 松本第一

	1	2	3	4	5	6	7	計
松本第一	0	0	0	0	0	0	0	0
松商学園	1	0	0	4	0	2	X	7

七回コールドゲーム
(一)浜島、細川－茅野　(商)渡辺創－野田

【評】松商学園は上位打線が機能した。一回は三塁打の間中を織茂が中前打でかえして先制し、四回は宮下からの4連打などで4得点。3試合連続の2桁安打で快勝した。

　松本第一は失策が失点に直結。打線は4安打で反撃できなかった。

一回松商1死三塁、織茂が先制の中前適時打を放つ（投手浜島）

松本第一		打	安	点
④	久保田	4	1	0
⑧	小山	1	0	0
①5	浜島	3	0	0
⑨	遠藤	3	0	0
⑦	熊谷	3	0	0
⑥	佐々木	3	1	0
⑤	須藤	1	0	0
1	細川	1	0	0
②	茅野	1	0	0
H	平沢	1	0	0
③	平林	3	2	0

振球犠併残
０３１０７２４４０

松商学園		打	安	点
⑨	宮下	4	1	1
8	忠地	0	0	0
⑦	間中	4	2	0
⑧9	織茂	4	2	2
③	斎藤	4	3	2
⑤	熊谷	2	1	1
②	野田	4	0	0
④	金井	4	2	0
①	渡辺創	4	2	0
⑥	吉水	1	0	0

振球犠併残
０２２０１０３１１３６

〔三〕間中、熊谷（商）〔二〕金井、斎藤2〔盗〕第1商1〔失〕第3商0
▽試合時間1時間47分

投手	回	打	安	失
浜島	3⅔	21	8	5
細川	2⅓	14	5	2
渡辺創	7	28	4	0

　松商学園打線のバットからは、この日も快音が響いた。同地区の松本第一を相手に3試合連続の2桁安打。上位から下位までつなぎの姿勢に徹して好機をつくり、中軸3人が計5打点を挙げる理想的な試合運びで8強入りした。

　一回は1死から間中が「甘い球をコンパクトに振れた」と右中間を破る三塁打。続く織茂は「欲を出さず」と直球を素直に中前にはじき返して先手を取った。四回には2死二塁で1番宮下に回すと、そこから4連打で4得点の猛攻。チーム打率4割5分2厘の打線に、間中は「持ち味が発揮できている」と自信を深める。

　その中心は、12打数9安打5打点の織茂。準々決勝で当たる上田西の左腕山口には、昨秋の県大会準決勝で抑えられて敗れているだけに、「ずっと上田西を意識して練習してきた。全力を尽くす」と燃える。足立監督は「相手はセンバツに出たチーム。向かっていく気持ちで勇敢に戦いたい」と力を込めた。

●松本第一・細川主将（四回途中から2番手で登板）「キャプテンでエースナンバーの自分が流れを変えたかったが…。自信を打ち砕かれた」

上田西 好機逃さず連打

4回戦　7/14　長野オリンピックスタジアム

ベスト16

上田西 3－1 長野西

	1	2	3	4	5	6	7	8	9	計
長野西	1	0	0	0	0	0	0	0	0	1
上田西	0	0	0	0	0	0	0	3	X	3

(長)渡利－南畑　(上)山口－小川

八回上田西1死二、三塁、大藪の左中間二塁打で三走土岐（右）が逆転のホームイン

　上田西は七回まで打線がつながらなかった。カットボールと直球を軸にして球を散らす長野西の渡利に苦しめられた。

　「ストレートだと思って打ちにいくと（手元で）球が動いて、バットの芯を外された。相手の気持ちも強かった」と主将の柳沢。4番の大藪も「（六回までは）3打席ともカットボールを打たされた」と内野ゴロに終わっていた。

　ただ、気合を入れて投げ続けてきた渡利は「体力的に耐えられなくなっていた」と疲労が色濃くなった。迎えた八回、上田西は巡ってきたチャンスを逃さなかった。

　先頭の四球から1死一、三塁とすると、柳沢は「外野フライでいい。後ろにつなごうと思った」。高めの球を強振して同点の右越え二塁打。大藪も「外野フライでもう1点」と集中し、2点二塁打につなげた。

　「投手を楽にさせるためにも、序盤から打てるようにすることが課題」と柳沢。苦しんだ経験を、準々決勝の松商学園戦でどう生かすかが重要になる。


【評】上田西は0-1の八回、四球と内野安打などで1死一、三塁とし、柳沢の適時二塁打で追い付き、大藪の2点二塁打で勝負を決定付けた。

　長野西は一回1死一、三塁から捕逸で先制。七回まで無失点だった渡利は終盤に球が浮いた。

●長野西・南畑主将「渡利とストライクゾーンで勝負し、丁寧にアウトを取ろうと確認した。相手が一枚上だった」

長野西		打	安	点
⑥	久保田	4	0	0
④	内山	4	2	0
⑤	山田	3	1	0
H	原	1	0	0
⑧	渋沢	4	1	0
⑦	小山	4	2	0
H	滑原	0	0	0
③	宮尾	2	0	0
⑨	辻	3	1	0
②	南畑	3	0	0
①	渡利	3	0	0

振球犠併残
１１０１２４３１７０

上田西		打	安	点
⑧	笹原	4	1	0
④	土岐	4	1	0
⑥	柳沢	3	2	1
⑦	大藪	4	1	2
R7	上島	0	0	0
⑤	飛鳥井	2	1	0
H	滝沢	1	0	0
5	藤牧	0	0	0
⑨	梅香	4	0	0
③	渡辺	2	0	0
3	杉浦	0	0	0
②	小川	3	0	0
①	山口	2	1	0

振球犠併残
４４００６２９７３

〔二〕柳沢、大藪〔盗〕長4上0〔失〕長0上0〔暴〕渡利〔逸〕小川
▽試合時間1時間54分（中断7分）

投手	回	打	安	失
渡利	8	33	7	3
山口	9	32	7	1

●**小諸商・古越主将**「悔しいし、ふがいない。点差でも離されてしまい、課題だった打線の力がまだまだ足りていなかった」

●**小諸商・青柳**（三回途中から救援し、５回２／３を無失点）「相手の流れを止めて、自分たちに持ってこられるような投球を意識した」

上田染谷丘 序盤に一気

24年ぶり8強

4回戦 7/14 上田県営球場

ベスト16

上田染谷丘 7－1 小諸商

	1	2	3	4	5	6	7	8	9	計
小諸商	0	0	0	0	1	0	0	0	0	1
上田染谷丘	1	2	4	0	0	0	0	0	X	7

（小）渡辺、村瀬、関、青柳－大沢
（上）市河、戸田－中曽根

一回染谷丘２死二塁、右中間へ先制の適時三塁打を放ち、塁上でガッツポーズする鳴沢（左）

春の東信予選の3位決定戦では、一回から先行されて5－8で敗れた。「うちはエラーで崩れた。今回は気持ちを出せて戦えていたのが大きかった」と中村監督。上田染谷丘は小諸商に雪辱し、24年ぶりの8強入りを決めた。

春の反省を踏まえるように、序盤から攻めた。一回に死球と暴投などで1死二塁の先制機を得ると、2死後に鳴沢が「まだ一回なので気楽にいった。投手のためにも1点欲しかった」と右中間への三塁打。先制点で流れをつかむと、3回戦後に打撃を見直した成果を示すように三回までに7点を奪い、試合の大勢を決めた。

先発した前回の対戦は3回4失点だった市河も6回1失点で悔しさを晴らし、「うれしかった。チームの一体感もどんどん増している」と強調した。

これで過去最高成績に並び、準々決勝はともに初となるベスト4進出を懸けて高遠とぶつかる。主将の中曽根は「まだまだ勝てるように、しっかり反省を生かしたい」と慢心していなかった。

【評】上田染谷丘は一回に鳴沢の適時三塁打で先制し、二回の小林頌の2点二塁打で主導権を握った。三回には打者9人で4点を追加。市河、戸田の継投で1失点にとどめた。

小諸商は4失策と守備が乱れ、序盤の失点が最後まで響いた。

小諸商			打	安	点
⑧		古越	4	1	0
③		新津	3	0	0
⑥	5	加藤	2	0	0
⑨		黒岩	3	1	0
⑦		米山	1	0	0
1		青柳	3	0	0
⑤		小林伸	1	0	0
6		内藤	2	1	0
H		富田	1	0	0
④		清住	2	0	0
H		由井	1	1	0
R	4	山口	1	1	0
②		大沢	1	0	0
2		臼田	2	1	0
H		勝村	1	0	0
①		渡辺	0	0	0
1		村瀬	0	0	0
1	7	関	2	0	0
H	7	小林虎	2	0	0

振	球	犠	併	残	打	安	点
4	4	0	1	8	32	6	0

上田染谷丘			打	安	点
⑧	7	小林頌	4	1	2
⑦		滝沢静	0	0	0
8		高橋	3	1	1
③		荻原	5	0	0
⑤		鳴沢	5	3	1
⑨		花岡	4	1	0
①	4	市河	2	1	0
④		西沢	3	0	0
1		戸田	0	0	0
②		中曽根	4	2	1
⑥		宮腰	4	0	0

振	球	犠	併	残	打	安	点
9	4	2	0	9	34	9	5

［三］鳴沢［二］小林頌、内藤［盗］小２上１［失］小４上０［暴］市河、渡辺
▽試合時間２時間25分

投手	回	打	安	失
渡辺	1	5	1	1
村瀬	⅔	6	2	2
関	⅔	6	3	4
青柳	5⅔	23	3	0
市河	6	23	4	1
戸田	3	13	2	0

弾む高遠 好投手を攻略

初の夏８強

4回戦 7/14 しんきん諏訪湖スタジアム

ベスト16

高遠 10－4 飯田Ｏ長姫

	1	2	3	4	5	6	7	8	9	計
高遠	0	0	2	3	0	0	0	4	1	10
飯田Ｏ長姫	0	0	0	0	0	1	1	1	1	4

（高）登内－阿部　（飯）松下、市瀬、林－熊谷

【評】高遠は14安打10点と打線が活発だった。三回に３連打などで２点を先制し、四回に井上、湯田の連続適時打などで３点を追加。終盤も得点を重ね、押し切った。

飯田Ｏ長姫は後半に反撃したが、前半の失点が響き、追い付けなかった。

●**飯田OIED長姫・井口監督**「序盤のチャンスで１点取れればよかった。終盤の集中力と粘りは、これまでやってきた練習の成果」

●**飯田OIED長姫・松下投手**「大会直前に痛めた腰の状態がだんだんと悪くなっていた。今後は大学に進み、さらに上を目指したい」

高遠が夏の長野大会で初の8強入り。最速143キロを誇る飯田ＯＩＤＥ長姫の松下を打ち崩し、高重監督は「選手の力で勝たせてもらった試合」と声が弾んだ。

試合序盤、選手たちは相手バッテリーが変化球でカウントを取りに来ていることに気付き、狙い打った。一方で、威力のある直球にも対応。三回1死一、二塁から「直球を狙っていた」という小池の中前打で先制し、白鳥のスクイズでさらに1点。四回にもスクイズと上位打者の連続適時打で3点を追加し、試合の主導権を握った。

組み合わせが決まった時から「この試合がヤマ場」（井沢伶主将）と、速球対策に時間を割いてきた成果を示した。好投手を攻略し、小池は「どんな投手が来ても対応できる自信が深まった。夏をまだ終わらせないために、しっかり準備して松本に乗り込む」と力を込めた。

高遠			打	安	点
②		阿部	5	1	1
⑤		井上	4	2	1
④		湯田	4	3	2
⑥		小池	5	2	2
③		白鳥	4	0	1
⑦		柳原	4	1	1
⑧		小松快	4	4	1
①		登内	3	0	0
⑨		井沢伶	5	1	0

振	球	犠	併	残	打	安	点
3	7	5	0	13	38	14	9

飯田Ｏ長姫			打	安	点
⑥	16	市瀬	3	1	0
④	74	大島	4	2	1
②		熊谷	4	0	0
⑨		鋤柄	5	2	0
⑤		田巻	4	2	0
①		松下	2	0	0
4		岡田	0	0	0
H		宮沢	1	0	0
1		林	0	0	0
⑧		日野	4	2	1
⑦		相原	1	0	0
4	6	松村	1	0	0
H		細川	1	0	0
7		阿部	0	0	0
③		樽沼	3	2	1
R		宮下	0	0	0

振	球	犠	併	残	打	安	点
10	4	4	0	10	33	11	3

［二］日野、鋤柄、大島［盗］高１飯０［失］高０飯２［暴］登内、市瀬
▽試合時間２時間54分（中断１時間42分）

投手	回	打	安	失
登内	9	41	11	4
松下	7	36	11	5
市瀬	1	8	2	4
林	1	6	1	1

上位目指し「考えるプレー」

高遠は選手自らが練習メニューを考え、実戦的な練習を重ねることで力量を伸ばし、春季県大会では初の4強入りを果たした。

選手たちは昼休みに「意図ミーティング」と題した会議を開き、その日の練習にどんな意味を持たせるか議論。練習開始時には、一つ一つの動きの意図を意識するようになった。守備で一死一、三塁など苦手な場面での連係を繰り返し確認するなどし、「試合中に自分たちで考えてプレーできるようになった」と２年の友野翔太選手（16）。初戦の阿智戦も監督の指示ではなく、犠打は選手自らの判断で行うなどし得点につなげた。選手の変化はプレーだけではなく、生活にも現れ始めたという。井沢伶央主将は「冬からの積み重ねの成果が出た。試合でできなかったことを練習して、次の勝利につなげたい」と意気込んだ。

4回戦　7/14　長野オリンピックスタジアム
ベスト16

長野日大 攻守で狙い通り

長野日大 9－1 佐久平総合

佐久平総合	0	0	0	0	0	0	1	1
長野日大	1	4	0	0	4	0	X	9

七回コールドゲーム
（佐）小林－土屋真　（長）白根、長坂－東海林

五回を無失点で抑えた長野日大先発の白根

屋代と対戦した2回戦で10安打された長野日大のエース白根は、今大会2度目の先発マウンドに上がり5回を1安打無失点。3回戦は救援登板しており、「最初の2試合を九回までやったので、実戦感覚を取り戻すことに役立った」と涼しい顔だった。

対外試合がほとんどできないまま今大会を迎え、課題となっていた試合の入り方を重視。白根が順調に立ち上がり、打線は走者が出ると、初球エンドランで好機をつくり得点につなげた。

「相手投手はランナーが出れば8、9割はストレートで入ってくるのが分かっていたので」と松橋監督。狙い通りの攻撃だった。

【評】長野日大は一回に敵失で先制し、二回は先頭からの5連打などで4点を追加。先発の白根は5回を投げ1安打無失点と安定していた。
佐久平総合は七回に両川、吉沢の連打と土屋実の犠飛で1点を返すにとどまった。

佐久平総合		打	安	点
⑧	中島	3	0	0
⑥	高見沢	3	0	0
⑤	菊池	3	1	0
③	土田	3	0	0
⑦	両川	3	1	0
④	吉沢	3	1	0
⑨	土屋実	2	0	1
②	土屋真	3	0	0
①	小林	1	0	0

振球犠併残
4 1 1 0 4 24 3 1

長野日大		打	安	点
⑨	平林	3	1	1
⑧	青木悠	3	1	1
1	長坂	1	0	0
④	松永	1	0	0
H	山口純	0	0	0
R	半藤	0	0	0
4	田貝	0	0	0
⑥	青木翔	3	1	0
③	西沢	3	1	2
⑦8	中島	3	1	0
②	東海林	3	2	1
⑤	塚田	3	2	2
①7	白根	3	2	0

振球犠併残
1 5 0 0 4 26 11 7

二 塚田、白根、菊池、西沢、吉沢 盗 佐0日5 失 佐3日1 暴 小林
▽試合時間1時間20分

投手	回	打	安	失
小林	6	31	11	9
白根	5	18	1	0
長坂	2	8	2	1

●佐久平総合・小林投手「粘り負けだった。相手がどうこうではなく、自分に勝つことをテーマにしていたが、力の差が大きかった」

4回戦　7/14　松本市野球場
ベスト16

都市大塩尻 5－1 ウェルネス

都市大塩尻	2	0	0	0	0	1	2	0	0	5
ウェルネス	0	0	0	0	0	0	1	0	0	1

（都）三沢、今野－松田　（ウ）広瀬－山上

都市大塩尻 2年生左腕を援護

【評】都市大塩尻は左腕三沢が好投。序盤は制球が不安定だったが、好守にも助けられ6回を散発3安打に抑えた。打線は9犠打の堅実な攻めで得点を重ねた。
ウェルネス長野は好機で一本が出ず、右腕広瀬を援護できなかった。

5回無失点だった3回戦に続き先発マウンドに立った都市大塩尻の左腕三沢は、この日も6回を散発3安打無失点の好投。打線とバックの援護も受けてウェルネス長野に三塁を踏ませず、「次につながるピッチングができた」と汗をぬぐった。

「立ち上がりはボールが走らず不安げに見えたが、少しずつ立ち直った」と長島監督。一回に味方が2点を先取したことに加え、佐野や吉井ら内野陣が球際に強い好守でもり立てた。今野と西塚を含め、今大会で登板した全員が2年生。背番号10の三沢は「2年の夏から投げられるのは本当にありがたい。自分の結果よりも、3年生のために腕を振りたい」と決意を新たにしていた。

●都市大塩尻・米本（一回に先制の2点適時二塁打）「先制すると守りにリズムが出る。守備から入るチームだが、攻撃からリズムをつくれた」
●日本ウェルネス長野・山上主将「先頭バッターを100パーセント抑えるとチームで決めていたが、初回にできなかった。そこが敗因」

都市大塩尻		打	安	点
⑦	武井	4	2	1
1	今野	0	0	0
⑧	渡辺	3	1	0
⑥	佐野	2	1	0
⑨	内山	3	0	1
7	田村	0	0	0
⑤	米本	4	1	2
②	松田	4	1	0
④79	吉井	3	0	0
①	三沢	1	0	0
H4	米山	0	0	0
③	炭田	2	0	1

振球犠併残
5 1 9 2 4 26 6 5

ウェルネス		打	安	点
⑥	浅沼	4	1	0
⑦	田場	1	0	0
H5	中山	1	0	0
②	山上	3	1	0
③	鈴木	3	0	0
①	広瀬	4	1	0
⑤	杉浦	2	0	0
7	原	1	1	0
⑧	田中	3	0	0
H	中平	1	0	0
⑨	荻原	2	0	0
H	黒柳	1	0	0
④	青木	3	1	1

振球犠併残
2 6 0 0 7 29 5 1

二 米本、山上、渡辺 盗 都1ウ0 失 都0ウ2
▽試合時間2時間0分

投手	回	打	安	失
三沢	6	22	3	0
今野	3	13	2	1
広瀬	9	36	6	5

4回戦　7/14　上田県営球場
ベスト16

佐久長聖 7－0 長野工

	1	2	3	4	5	6	7	計
長野工	0	0	0	0	0	0	0	0
佐久長聖	0	3	0	0	1	0	3x	7

七回コールドゲーム
（長）小山、小出－田中　（佐）藤井、出口－江原

長野工			打	安	点
⑨		間曽	3	0	0
⑤	7	矢口	2	0	0
①	5	小山	2	0	0
③		福田	3	0	0
⑥		松本	3	0	0
②		田中	3	0	0
⑦	8	村田	3	0	0
④		宮崎	2	1	0
⑧		五味	0	0	0
1		小出	2	0	0

振球犠併残
1120242310

佐久長聖			打	安	点
⑧	4	佐藤	3	2	0
⑨		奥玉	3	1	1
⑦		清水	4	1	0
⑤		良元	4	3	1
③		原	4	2	0
②		江原	4	2	1
⑥		朝田	2	1	0
8		滝沢	0	0	0
H		大宅	1	1	0
R		杉山	0	0	0
④	6	森本	4	1	1
①		藤井	1	1	2
H		内海	1	0	0
1		出口	1	1	0

振球犠併残
121093216 7

二奥玉、良元、江原2 盗長3佐2 失長0佐1
▽試合時間1時間42分

投手	回	打	安	失
小山	1⅔	9	5	3
小出	4⅔	26	11	4
藤井	4	14	1	0
出口	3	11	0	0

【評】佐久長聖が投打で上回った。二回は4長短打、七回には5連打でそれぞれ3点を挙げるなど計16安打。藤井、出口の継投でわずか1安打しか許さなかった。
長野工は打線が沈黙。投手陣も走者を出してから踏ん張れなかった。

●長野工・小山主将「自分たちが捉えきれず、佐久長聖の投手を波に乗せてしまった。自分たちらしい野球はできたと思う」

長聖 自信の継投で零封 3試合連続

佐久長聖は、投手陣が初戦の2回戦から3試合連続で零封。この日も藤井と出口の継投で7回を1安打に抑え、藤原監督は「点を取られないことが一番。バッテリーが良くやってくれている」とうなずいた。

先発した背番号11の藤井はテンポ良く投げ、二回には自ら先制の2点適時打を放った。「自分のやることだけに集中できた。尻上がりに良くなった」と強調した。

救援したエースの出口は六回に2死から連続四球を与えたことを反省し、「うまく腕を振れていなかったし、甘い球も多かった。緊張感を持ってやっていく」と準々決勝をにらんだ。

4回戦　7/14　しんきん諏訪湖スタジアム
ベスト16

岡谷南 4－3 松本国際

	1	2	3	4	5	6	7	8	9	計
岡谷南	0	0	0	1	0	0	0	0	3	4
松本国際	0	0	1	1	1	0	0	0	0	3

（岡）星野－味沢　（松）林－深井　［本］小口航（岡）

【評】岡谷南は2点を追う九回に底力を発揮。山田の右前打と死球などの2死一、二塁から小口航の右越え本塁打で試合をひっくり返した。
松本国際は三～五回の得点で先行したが、その後の好機で得点できず、守備も踏ん張れなかった。

岡谷南 土壇場逆転アーチ

九回岡谷南2死一、二塁、小口航が右越えに逆転の3点本塁打を放つ

1－3の九回2死一、二塁、岡谷南の小口航が直球をフルスイングした打球は右翼へ高々と舞い上がった。芝生席でボールが弾んだ瞬間、ベンチから身を乗り出していたナインの喜びが爆発。土壇場で逆転弾を放った殊勲の2年生も「今までベストの感覚。最高」と興奮冷めやらなかった。

一、二回の先制機を逃し、三～五回に連続失点。その後も好機はつくるものの、本塁が遠かった。それでも、九回1死から右前打で出塁した山田は「長野日大戦を思い出し、焦りはなかった」。九回に2点差をはね返し、延長戦を制した春の県大会準決勝の経験を最終盤に生かした。

本塁打は練習試合を合わせても2本目という小口航は「負けているとは思えないベンチの声に後押しされた」と感謝の言葉を口にした。

昨年の代替大会を含め、夏は4年連続となる8強入りをこれ以上ない劇的な形で決め、主将の高橋は「苦しみながらも勝てたことはチームの力になる」。第2シード校が勢いを増して主会場の松本に乗り込む。

岡谷南			打	安	点
⑧		古野	4	0	0
⑥	5	小口航	4	2	3
②		味沢	4	0	0
①		星野	4	0	0
⑦		林琉	4	2	0
⑨		林宏	4	2	1
⑤		佐藤	3	0	0
H		徳永	1	0	0
6		柴	0	0	0
③		山田	3	1	0
R	3	高橋	0	0	0
④		花岡	2	0	0
H		矢島	1	0	0
4		増田	0	0	0

振球犠併残
750183474

松本国際			打	安	点
⑨		須沢	4	3	0
9		松尾	0	0	0
④		永原	3	1	0
⑧		原田	3	0	0
③		中沢	3	0	0
3		中嶋	0	0	0
⑦		森本	1	0	0
⑤		藤井	2	0	0
①		林	3	1	0
②		深井	4	1	1
⑥		寺田	3	0	0

振球犠併残
276092661

二須沢3、林琉、林宏 盗岡4松0 失岡3松0 暴林
▽試合時間2時間3分

投手	回	打	安	失
星野	9	39	6	3
林	9	39	7	4

●松本国際・森田監督「選手たちを勝たせてあげられず、悔しい。チャンスは何度もつくれていただけに、もう一本出したかった」
●松本国際・林（九回に逆転弾を浴び）「気合で乗り切ろうと思ったが、ふがいない。この負けを今後の人生の糧にしていく」

大声や楽器演奏は禁止　応援スタンドはウエーブなどで工夫して盛り上げた＝松本第一－松商学園

土を巻き上げながら　一塁にヘッドスライディング＝岩村田―上田染谷丘

全集中の瞬間！

２年ぶり開催の第 103 回全国高校野球選手権長野大会の熱戦。選手たちは強い日差しや降雨など厳しい条件下でも懸命に白球を追い掛け、強い気持ちをみなぎらせてプレー。

スタンドから見守る仲間や保護者らは、感染拡大防止のため大声を出せないものの、メガホンを打ち鳴らしたり拍手を送ったりして選手を鼓舞した。

一球一球、気迫の投球＝上田千曲－上田西

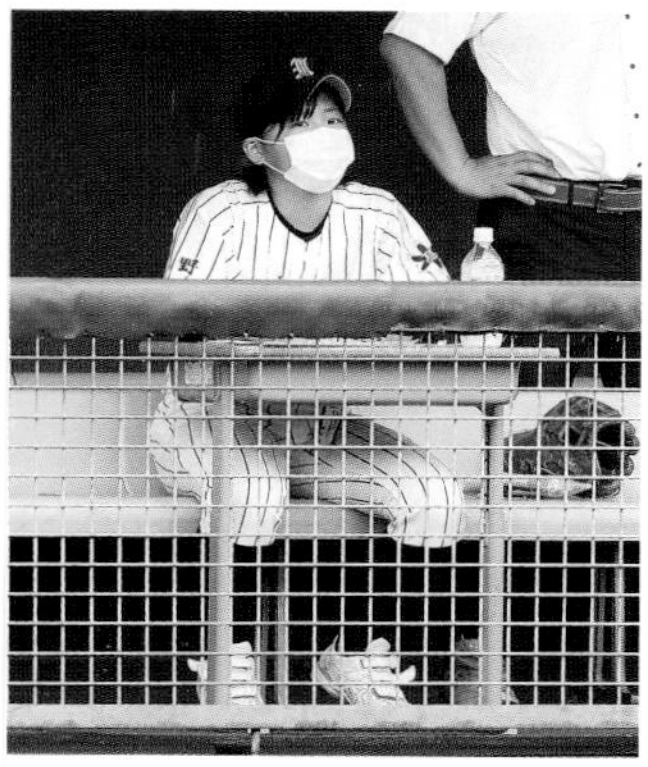

仲間と同じユニホーム　試合を見守る記録員＝阿智－池田工

脚に痛みを訴えた仲間をおんぶしてベンチに引き揚げる＝長野西－上田西

力強いバッティング　２死三塁のチャンスに先制点＝塩尻志学館―伊那北

３種類のユニホーム　試合後、スタンドの応援団にあいさつ＝蓼科・軽井沢・蘇南の連合チーム

甲子園　目指せる喜ひ

声は出さず　メガホンをたたいて応援＝小諸商－上田染谷丘

延長13回タイブレークの末　敗れて肩を抱き健闘をたたえ合う＝中野西－駒ケ根工

入場前の観客　手のひらで体温を測り手指消毒＝小諸商－上田染谷丘

マスク姿で黙々と　グラウンド整備する補助員＝長野工―佐久長聖

体を張って　ホームを狙うランナーを、好返球を受けた捕手が阻止＝長野俊英－野沢北

開会式

信州球児２０００人 待望の夏

松本市野球場で行われた開会式。参加した約２０００人の高校球児たちは「この日を迎えられて良かった」と安堵《あんど》しつつ、４日から始まる試合に向けて気持ちを高ぶらせた。

新型コロナウイルス感染防止のため無観客で開催。第１０１回大会優勝の飯山を先頭に全77チームが入場し、掛け声に合わせて息の合った行進を見せた。小諸の音楽科で声楽を専攻する芳沢和子さん（17）が大会歌を独唱し、松本美須々ケ丘の太田創士主将（17）が選手宣誓した。

「先輩の夢託された」

宣誓　松本美須々ケ丘・太田主将

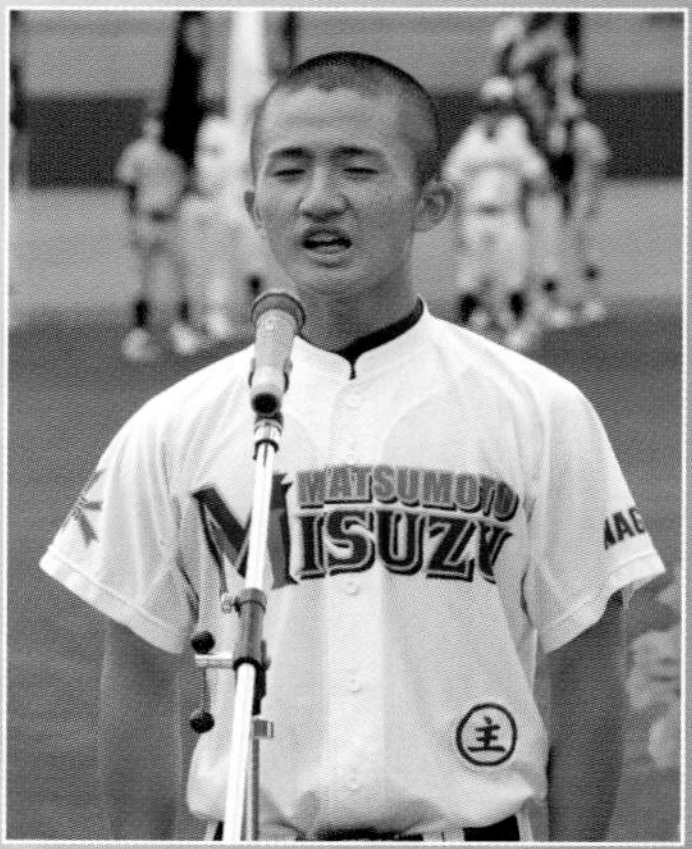

選手宣誓した松本美須々ケ丘の太田主将ははつらつとした声で大役を果たし、「拍手をもらって、改めて実感した。良くできたと思う」と笑顔で振り返った。
昨年は夏の甲子園大会が中止となり、「先輩たちは悔しい思いをしたはず」。６月１９日に大役が決まってから３日ほどで練り上げたという宣誓文には「先輩方の夢、そして思いは、今年、私たちに託されました」と、昨年の３年生への思いを込めた。

「歌でエール伝えられた」

大会歌を独唱　小諸・芳沢さん

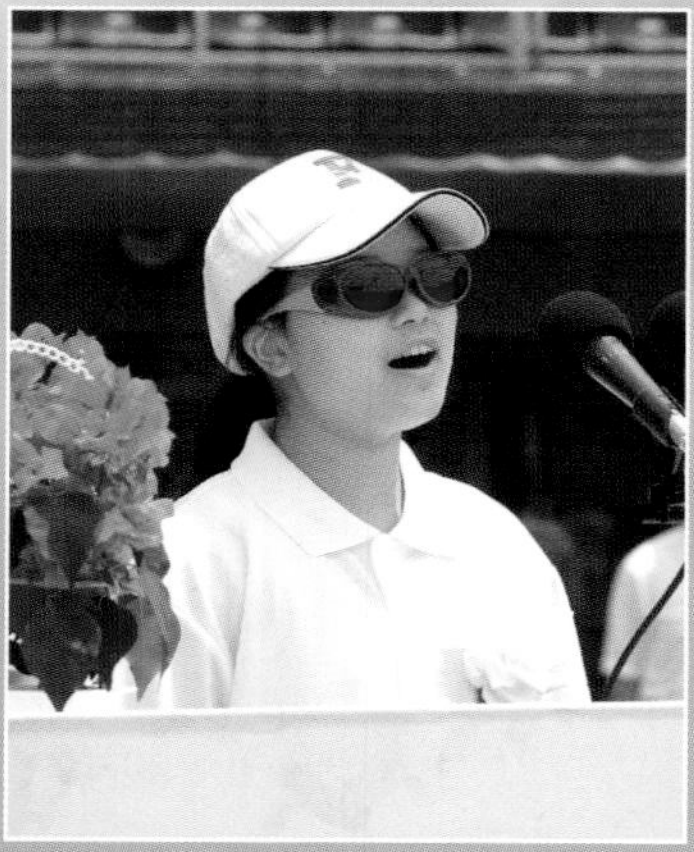

大会歌「栄冠は君に輝く」を独唱した小諸の音楽科３年の芳沢和子さんは、伸びやかな歌声を球場に響かせ、「自分の歌で選手にエールを送りたかった。（思いを）伝えられたと思う」と晴れやかな表情を見せた。祖父は元高校球児だったといい、「独唱が決まった時、泣いて喜んでもらえた。うれしかった」と芳沢さん。将来の夢は声楽家として歌い続けることという。

1▶3回戦

志学館		打	安	点
③	百瀬	4	1	0
⑧	岩原	4	1	1
⑦	加賀	2	1	0
17	神戸	1	0	0
⑥	石橋	2	0	0
④	玉城	4	1	0
②	村井	4	1	0
①71	村上	4	1	0
⑤	寺平	2	0	0
H	大槻剛	1	1	1
R	笠原	0	0	0
⑨	山口	3	1	0

振球犠併残
7 3 2 0 7 31 8 2

伊那北		打	安	点
③	翁	3	0	0
④	井上	3	0	0
⑥	大野	2	1	0
②	伊藤	4	1	0
⑤	増田	3	1	0
①	松崎	1	0	0
1	中原	1	0	0
⑦	米山	2	0	0
H7	小池	2	1	1
⑧	三沢蒼	3	1	0
⑨	三沢丈	4	2	2

振球犠併残
6 5 3 0 8 28 7 3

［二］増田、三沢丈、大槻剛［盗］志1伊0［失］志1伊0［暴］松崎▽試合時間2時間20分

投手	回	打	安	失
村上	5	17	1	0
神戸	2⅔	13	4	4
村上	1	6	2	0
松崎	4⅔	20	5	1
中原	4⅓	16	3	1

伊那北つなぐ打撃　逆転

1回戦　7/4　松本市野球場

伊那北 4－2 塩尻志学館

	1	2	3	4	5	6	7	8	9	計
塩尻志学館	0	0	0	0	1	0	0	0	1	2
伊那北	0	0	0	0	0	0	3	1	X	4

（志）村上、神戸、村上－村井　（伊）松崎、中原－伊藤

昨秋の県大会出場校同士の好カードは、伊那北が逆転で制した。

0－1の七回、塩尻志学館の左腕エースを攻めた。先頭の増田が浮いた直球を見逃さずに二塁打とし、中原のバントに失策が絡んで同点に。その後の1死一、二塁で9番の三沢丈が「どんな形でも良いからつなぎたかった」。短く持ったバットで左中間二塁打を放ち、2点を勝ち越した。

七回伊那北1死一、二塁、三沢丈が左中間に2点二塁打を放ち、勝ち越す

●**塩尻志学館・神戸投手**（リードを守れず）「自分の投球で流れを引き寄せたかった。抑えたい気持ちが強くて力んでしまった」

美須々ケ丘		打	安	点
⑥	太田	3	0	0
⑤	南沢	4	3	0
⑧	高島	1	0	0
②	吉田	4	0	1
⑦	関川	4	2	0
④	宮瀬	4	1	0
③	唐沢	3	0	0
①	月岡	3	0	0
⑨	小林修	3	0	0

振球犠併残
8 1 3 0 5 29 6 1

東海大諏訪		打	安	点
⑥	小川	4	0	0
⑦	泉原	4	0	0
⑧	原	4	0	0
③	鈴木	3	0	0
⑨	宮本翔	3	1	0
④	泉	2	0	0
②	大久保	3	0	0
⑤	井原	1	0	0
①	吉沢	0	0	0
H	大塚	1	0	0
1	大野	1	0	0

振球犠併残
5 2 2 0 3 26 1 0

［盗］美0東1［失］美1東0▽試合時間1時間38分

投手	回	打	安	失
月岡	9	30	1	0
吉沢	6	23	5	1
大野	3	10	1	0

美須々ヶ丘が完封勝ち

1回戦　7/4　松本市野球場

松本美須々 1－0 東海大諏訪

	1	2	3	4	5	6	7	8	9	計
松本美須々	1	0	0	0	0	0	0	0	0	1
東海大諏訪	0	0	0	0	0	0	0	0	0	0

（美）月岡－吉田　（東）吉沢、大野－大久保

東海大諏訪を完封した松本美須々ヶ丘の月岡

松本美須々ヶ丘の月岡が1安打完封。昨秋の南信地区予選を制した東海大諏訪をほぼ完璧に抑え込んだ。一回に挙げた1点を守り抜いた右腕は「自分ができることを最後までやり切れた」と目を輝かせた。

東海大諏訪「力不足」

東海大諏訪はわずか1安打に終わり、宮本翔主将は「点が取れず焦り、ボール球に手を出してしまった」と悔やんだ。4番の鈴木が「甘い球を打ち損じた」と振り返ったように、松本美須々ヶ丘の月岡の適度な荒れ球に翻弄《ほんろう》された。藤井監督は「緊張はあったが、力を出し切れないのは自分たちの力不足」。

積極打撃で小諸が制す

1回戦　7/4　長野オリンピックスタジアム

小　諸　14－5　長野高専

小　諸	2	2	1	2	0	5	2	14
長野高専	1	0	3	0	0	0	1	5

七回コールドゲーム
（小）小平ー遠藤（長）武井、畔上ー山科

●小諸・遠藤主将「チームで積極的な打撃ができた。ただ、次（2回戦）の上田西戦は甘い球が少なくなる。より1球にこだわっていく」

●長野高専・畔上主将「負けたけれど、取れるアウトをしっかり取り、確実にランナーを進めたりする自分たちがやりたかった野球はできた」

小　諸		打	安	点
④	舟　田	3	2	3
⑥	小林龍	4	2	3
⑦	高橋駿	3	1	1
②	遠　藤	5	3	3
⑧	八　嶋	5	2	1
③	竹　花	4	2	1
⑨	荻　原	3	1	0
9	黒　沢	0	0	0
①	小　平	3	1	0
⑤	篠原大	2	2	0
H	高橋陽	1	0	0
5	伊　藤	0	0	0

振球犠併残
5 3 5 2 6 331612

長野高専		打	安	点
⑧1	畔　上	4	2	0
③	宮　田	2	0	0
⑤9	遠　山	2	1	0
②	山　科	2	2	2
⑨8	外　谷	4	0	0
⑦	原　田	3	0	0
④	小　池	3	0	0
①5	武　井	3	1	0
⑥	越　川	2	1	0

振球犠併残
118 1 0 8 25 7 2

[三]山科、舟田[二]篠原大、越川、竹花、遠藤、山科[盗]小1長2[失]小4長6[暴]小平[逸]山科
▽試合時間1時間59分

投　手	回	打	安	失
小　平	7	34	7	5
武　井	6	35	13	12
畔　上	1	6	3	2

八回上田1死一、二塁、二走淀川（左）が投ゴロ併殺を狙った相手守備の隙を突いて一気に生還し、1点を勝ち越す

上田もぎ取った決勝点

1回戦　7/4　上田県営球場

上　田　2－1　更級農

更級農	0	0	0	1	0	0	0	0	0	1
上　田	0	1	0	0	0	0	0	1	X	2

（更）石坂、日詰、宮坂ー古沢（上）奥村ー佐野

上田の決勝点は、主将の執念でもぎ取った。

同点の八回1死一、二塁。佐野の打球は投手正面を突いたが、「ゲッツー崩れもある。勝負にいく」と二走淀川は諦めていなかった。併殺が取れないとみた内野手からボールが三塁に転送された時は既にホームに向かってまっしぐら。捕手のタッチをかいくぐり、貴重な勝ち越し点を奪った。

八回1死二塁の守備では竹内の好返球で更級農に勝ち越しを許さず、その裏の先頭だった淀川が右前打でつくった好機を勝ち越し点につなげた。

●更級農・宮坂（3番手で登板したエース。八回に勝ち越しを許す）「春に腰を痛めて投げられていなかった。失点は自分のせい。本当に悔しい」

更級農		打	安	点
②	古　沢	3	1	0
⑤	山　崎	3	1	0
⑧	小　山	4	1	0
⑨	一　由	4	2	0
④	高　野	4	1	0
⑥	大田垣	3	2	0
③	北　村	4	1	1
⑦	宮　入	4	1	0
①	石　坂	0	0	0
H	新　井	0	0	0
R	渡　辺	0	0	0
1	日　詰	1	0	0
H	原　田	1	0	0
1	宮　坂	0	0	0

振球犠併残
4 1 3 1 7 31 10 1

上　田		打	安	点
⑧	竹　内	3	0	0
⑦	淀　川	3	2	0
⑤	新海佑	3	0	0
⑥	井　出	3	0	0
②	佐　野	3	1	1
④	新海結	3	1	0
③	構	3	0	0
⑨	堀　込	1	0	0
①	奥　村	3	1	0

振球犠併残
4 6 3 0 8 25 5 1

[二]山崎[盗]更1上0[失]更1上0[暴]石坂2[逸]古沢
▽試合時間1時間54分

投　手	回	打	安	失
石　坂	2	9	2	1
日　詰	4	15	0	0
宮　坂	2	10	3	1
奥　村	9	35	10	1

中野立志館がサヨナラ

●上伊那農・溝上「最後のチェンジアップは自信があったが、詰めが甘かった。（過去2大会の）初戦敗退の流れを変えたかった」

九回中野立志館1死満塁、湯本が右前にサヨナラ打を放つ

1回戦　7/5　上田県営球場

中野立志館　6－5　上伊那農

上伊那農	0	0	1	3	0	1	0	0	0	5
中野立志館	0	1	1	3	0	0	0	0	1X	6

（上）根津、小出、根津、溝上ー大島
（立）本山、川辺、須藤、神戸ー湯本

5ー5で両者とも譲らず、七回から膠着《こうちゃく》状態が続いていた熱戦に終止符が打たれたのは九回だった。

中野立志館は先頭の田村が「自分が出ないと点は取れない」と二塁打で出塁すると、すかさず送りバント。上伊那農が2者連続となる申告敬遠で満塁策を選んだ。打席が回った2年生の湯本は「絶対に打つしかない。3年生と長く野球がやりたかった」と奮起。2球で追い込まれながらも高めに浮いた変化球を逃さず右前へ運び、サヨナラで白星をつかんだ。

上伊那農		打	安	点
④	北沢拓	3	2	1
⑧	赤　羽	3	1	0
②	大　島	4	3	0
⑨1	溝　上	4	1	2
①313	根　津	4	0	1
⑤	根　橋	4	1	0
③	北沢颯	1	1	0
13	小　出	0	0	0
⑨	小　沢	1	0	0
⑦	那須野	3	0	0
⑥	唐　沢	4	1	1

振球犠併残
3 6 5 0 10 31 10 5

立志館		打	安	点
⑧	宮　下	4	0	0
⑥	田　村	3	2	1
⑦	富　沢	3	1	1
⑨	町　田	4	1	1
③	山　崎	4	0	0
②	湯　本	3	2	1
①	本　山	1	1	0
1	川　辺	0	0	0
1	須　藤	1	0	0
1	神　戸	1	0	0
⑤	佐　藤	1	0	0
④	田中弥	3	2	2

振球犠併残
3 9 5 1 11 28 9 6

[二]町田、湯本、田中弥、大島、田村[盗]上2立2[失]上0立3
▽試合時間2時間14分

投　手	回	打	安	失
根　津	3	14	4	2
小　出	1/3	5	0	3
根　津	2/3	3	1	0
溝　上	4 1/3	20	4	1
本　山	3 1/3	18	5	3
川　辺	1/3	4	1	1
須　藤	3 1/3	13	3	1
神　戸	2	7	1	0

飯田OIDE長姫　猛攻25点

1回戦　7/6　しんきん諏訪湖スタジアム

飯田O長姫　25－1　下高井農林

下高井農林	0	0	0	1	0	1
飯田O長姫	13	6	0	6	X	25

五回コールドゲーム
（下）渡辺、関口、小林－武田（O）松下、林－熊谷

一回飯田OIDE長姫1死二塁、鋤柄の左翼線二塁打で二走熊谷（中央）が生還

飯田OIDE長姫は4度の攻撃機会のうち、打者一巡が3度という猛攻で計21安打25得点。課題の打撃で成長を示し、大勝した。

打線がつながったのは一回1死三塁から。熊谷主将の右前打で先制するなど、8連打を含む13者連続出塁で13得点。試合の大勢を決めたが、二、四回も好球必打と積極走塁で追加点を挙げた。

●**下高井農林・丸山主将**（四回にチーム初安打となる適時打）「走者をかえそうと、ストレートだけを打つと決めていた。ものすごくうれしい」

下高井農林		打	安	点
⑤15	関口	2	0	0
④	木村	2	0	0
②	武田	2	0	0
③	丸山	2	1	1
⑥51	小林	2	0	0
①6	渡辺	2	0	0
⑧	永峯	2	0	0
⑨	高島	2	1	0
⑦	木本	2	0	0

振球犠併残
12 0 0 0 2 18 2 1

飯田O長姫		打	安	点
⑥	市瀬	4	3	2
④73	大島	4	2	2
②	熊谷	4	3	4
⑨	鋤柄	3	3	4
⑦	相原	3	2	1
4	松村	0	0	0
①7	松下	3	2	2
7	阿部	0	0	0
⑧	日野	3	1	3
⑤	田巻	4	2	4
③	樽沼	4	3	3
1	林	0	0	0

振球犠併残
0 8 3 0 6 32 21 25

［二］鋤柄、大島2、相原、樽沼、日野、田巻［盗］下0飯14［失］下4飯1［暴］渡辺、松下、小林
▽試合時間1時間25分

投手	回	打	安	失
渡辺	2	27	18	19
関口	1	5	0	0
小林	1	11	3	6
松下	4	14	1	1
林	1	4	1	0

阿智2年生　投打で躍動

1回戦　7/5　しんきん諏訪湖スタジアム

阿智　12－0　池田工

池田工	0	0	0	0	0	0
阿智	0	5	2	5	X	12

五回コールドゲーム
（池）腰山－太田（阿）村沢－久保田

二回阿智2死満塁、松下が2点適時打を放つ

2年生コンビの活躍で阿智が初戦を突破した。打線のけん引役は4安打4打点の1番松下。春まで中軸を務めたが、「積極的に振っていく今年の阿智の象徴として」（丸山監督）、夏を前に打順変更。豪快なフルスイングで長打3本を放ち、松下は「ヒットはホームランの打ち損じ。次こそホームランを打つ」と力強かった。

先発左腕の村沢は5回を1安打無失点。「相手がストレートにタイミングが合っていない」と感じ、直球で厳しく内角を攻め続けた。

●**池田工・丸山主将**「家族や仲間には感謝しかない。失点の多かった一回のピンチを切り抜けることができ、チームとしての成長を感じた」

池田工		打	安	点
⑧	白沢	1	0	0
②	太田	1	0	0
⑥	丸山	2	0	0
①	腰山	1	0	0
③	甲斐沢	2	1	0
⑨	望月	2	0	0
⑤	稲垣	2	0	0
⑦	春日	2	0	0
④	郷津	2	0	0

振球犠併残
4 3 0 1 3 15 1 0

阿智		打	安	点
⑦	松下	4	4	4
⑨	二茅	4	1	1
④	鈴木	2	0	0
⑥	原圭	1	0	0
⑧	桜井柊	3	2	0
⑤	中島光	0	0	1
②	久保田	3	2	2
①	村沢	2	1	0
③	中島星	2	1	3

振球犠併残
1 6 2 1 5 21 11 11

［三］松下［二］松下2、桜井柊［盗］池1阿2［失］池2阿0［暴］腰山［逸］太田
▽試合時間1時間10分

投手	回	打	安	失
腰山	4	29	11	12
村沢	5	18	1	0

屋代先発投手が初完投

1回戦　7/4　長野オリンピックスタジアム

屋代　4－3　地球環境

地球環境	1	0	1	0	1	0	0	0	0	3
屋代	1	2	0	0	1	0	0	0	X	4

（地）内田－宇賀神（屋）井口－池尻

完投した屋代先発の井口

昨夏の代替大会1回戦、春の北信予選1回戦でサヨナラ負けを喫していた屋代。地球環境に競り勝ち、遠山監督は「こういうゲームを取るためにやってきた。諦めることなく、本当に良くやってくれた」とたたえた。

春は制球に難があったという井口が試合をつくった。この日は1四球と課題を克服し、公式戦初先発で初完投。背番号1の右腕は「インコースをうまく突けた。思った以上にいいピッチングができた」とうなずき、2回戦に向けて「自分にできる最大の力を出したい」と意気込んだ。

●**地球環境・宇賀神**（3安打3得点も）「負けては意味がない。九回の打席で後ろにつなげられず、負けたことがすごく悔しい」

地球環境		打	安	点
②	宇賀神	5	3	0
⑥	アンゴイ	2	0	0
⑨	小池	4	1	1
①	内田	3	2	1
⑤	外川	4	0	0
④	金田	4	1	0
③	田中	4	1	0
⑧	戸塚	4	1	0
⑦	真鍋	4	0	0

振球犠併残
5 1 2 1 7 34 9 2

屋代		打	安	点
④	松原	2	0	0
⑧	鎌田	4	2	2
①	井口	4	1	0
③	小林偉	4	2	1
②	池尻	3	0	0
⑨	野中	3	1	1
⑥	山口創	4	0	0
⑦	寺沢昇	4	4	0
⑤	坂本	3	1	0

振球犠併残
4 3 2 0 8 31 11 4

［三］小林偉、野中［盗］地1屋2［失］地1屋2
▽試合時間1時間46分

投手	回	打	安	失
内田	8	36	11	4
井口	9	37	9	3

野沢北　勝負どころで力

七回野沢北1死二塁、川上の中前打で二走堤が三塁を回り、勝ち越しのホームへ

●**長野俊英・柳沢**（5回を投げて1失点の2年生）「変化球が高めに浮く失投で失点したが、その後は下半身の動きを意識して修正できた」

1回戦　7/4　長野オリンピックスタジアム

野沢北　3－2　長野俊英

長野俊英	1	0	0	0	0	0	0	0	1	2
野沢北	0	1	0	0	0	0	0	2	X	3

（長）柳沢、大久保－宮崎（野）宮下－駒村

野沢北が終盤の勝負どころで力を発揮し、長野俊英との接戦をものにした。11安打を許しながら、2失点完投したエースの宮下は「安心した」と顔をほころばせた。

六回を終えて1－1。野沢北は七回、先頭の堤が右前打で出ると、すかさず二盗に成功。1死後、川上は「チームのために投げている宮下を楽にしてやりたかった」。高めの直球を中前に運んで勝ち越し点を奪うと、さらに宮下が適時二塁打で点差を広げた。

長野俊英		打	安	点
②	宮崎	5	0	0
⑤	原	4	3	0
④	野沢	3	2	1
⑨1	大久保	4	2	0
①9	柳沢	4	1	0
③	中川	4	1	0
⑥	戸谷	3	2	0
⑦	滝沢	2	0	0
⑧	倉沢	4	0	1

振	球	犠	併	残	打	安	点
1	1	3	0	8	33	11	2

野沢北		打	安	点
⑦	堤	5	2	0
⑥	山田	3	1	0
④	川上	3	1	1
③	南沢	4	0	0
①	宮下	3	2	1
⑧	磯貝	2	0	0
⑤	土屋康	1	0	0
H	菊原	1	0	0
5	菊池	0	0	0
②	駒村	3	1	0
⑨	堀込	3	1	1

振	球	犠	併	残	打	安	点
6	3	6	0	10	28	8	3

［三］原［二］宮下［盗］俊0野2［失］俊1野1［暴］大久保
▽試合時間1時間59分

投手	回	打	安	失
柳沢	5	22	3	1
大久保	3	15	5	2
宮下	9	37	11	2

伊那弥生　序盤に主導権

●**松本県ヶ丘・高山主将**「エラーが出た後に立て直せない自分たちの課題が出た。チャンスにあと一本が出ず、後輩には勝負強くなってほしい」

1回戦　7/4　松本市野球場

伊那弥生ケ丘　7－0　松本県ケ丘

松本県ケ丘	0	0	0	0	0	0	0	0
伊那弥生ケ丘	1	4	1	1	0	0	X	7

七回コールドゲーム
（県）山口、片山－高山、古畑（伊）小松、下島－穂苅

伊那弥生ヶ丘は序盤の攻勢で主導権をつかんだ。一回に1死から中島、有賀の連打で1点を先制。二回は1死満塁で仕掛けた中島のスクイズが内野安打となり、さらに穂苅が2点二塁打を放った。三、四回にも1点ずつを加えた。

小岩井主将は「バントが得点につながったし、ここぞの場面で一打も出た。この勢いを次につなげたい」とうなずいた。

県ケ丘		打	安	点
⑥	小尾	3	1	0
⑧	三好	4	0	0
④	鵜飼	3	1	0
③	小野	1	0	0
①	山口	2	0	0
1	片山	1	0	0
⑨	谷田	3	0	0
⑦	柳原	2	0	0
R	水野谷	0	0	0
②	高山	2	0	0
2	古畑	0	0	0
⑤	滝浪	1	0	0

振	球	犠	併	残	打	安	点
4	6	1	0	8	22	2	0

伊那弥生		打	安	点
⑧	小岩井	3	2	1
⑤	中島	3	2	1
⑥	有賀	4	1	1
①9	小松	4	0	0
②	穂苅	3	1	1
⑦	伊沢	4	1	0
⑨	山本	2	0	0
1	下島	1	0	0
③	池田	0	0	1
④	宮嶋	2	0	0

振	球	犠	併	残	打	安	点
3	5	3	0	9	26	7	5

［二］中島、穂苅［盗］県1伊3［失］県4伊0［暴］山口、片山
▽試合時間1時間30分

投手	回	打	安	失
山口	3 2/3	24	6	7
片山	2 1/3	10	1	0
小松	4 2/3	17	1	0
下島	2 1/3	12	1	0

飯山エース8回1安打

●**上田東・滝川主将**（八回にチーム初安打となる右前打）「流れをつくるために必死だった。打線がピッチャーを援護できず悔しい」

1回戦　7/4　上田県営球場

飯山　3－0　上田東

飯山	0	0	0	0	0	1	2	0	0	3
上田東	0	0	0	0	0	0	0	0	0	0

（飯）酒井、田中－小林（上）小坂井－坂口

飯山の右腕酒井は七回までノーヒットピッチング。八回の先頭に右前に落とされ快挙はならなかったが、8回1安打無失点で初戦突破に貢献した。

しかし、立ち上がりから制球が定まらず8与四死球。2回戦の相手は、昨夏の代替大会決勝でぶつかった佐久長聖で「この投球では苦しい」と吉池監督。

酒井は「球場の雰囲気には慣れた。次は最初から自分の投球をしたい」と気持ちを切り替えていた。

飯山		打	安	点
②	小林	4	1	0
⑥	竹村	4	1	0
③	荒井	3	0	0
H3	丸山	2	1	0
⑦	東沢	2	0	0
R9	大野	0	0	0
H7	高橋	1	1	1
⑤	松沢	2	0	0
④	平林	4	1	1
⑧	清水	4	1	1
①	酒井	4	0	0
1	田中	0	0	0
⑨79	青木	3	1	0

振	球	犠	併	残	打	安	点
4	8	2	1	13	33	7	3

上田東		打	安	点
⑨	滝川	4	1	0
④	小山	3	0	0
⑥	市川	3	0	0
①	小坂井	3	0	0
②	坂口	2	0	0
⑤	水上	2	1	0
⑧	下田	3	0	0
③	岩佐	3	0	0
⑦	依田	3	0	0

振	球	犠	併	残	打	安	点
10	8	2	0	9	26	2	0

［二］小林、清水、高橋、竹村［盗］飯3上2［失］飯0上1
▽試合時間2時間2分

投手	回	打	安	失
酒井	8	32	1	0
田中	1	4	1	0
小坂井	9	43	7	3

富士見			打	安	点
②	13	宮内	2	0	0
⑧		吉見	2	0	0
①	31	武居	2	0	0
③	2	板倉	2	1	0
⑥		平出	2	0	0
⑤		山口恩	2	1	0
④		阿部	1	0	0
⑨		小林	2	0	0
⑦		田中	0	0	0
H		山田	1	0	0

振	球	犠	併	残			
4	1	1	0	3	16	2	0

梓川			打	安	点
⑨		山中	2	2	3
⑥		丸山	2	0	0
②		竹田	2	1	0
⑦		中村	3	3	2
①	3	山口	2	0	1
③	1	神部	1	0	1
⑤		小林	1	0	1
④		鳥羽	1	0	1
⑧		中山	1	0	1

振	球	犠	併	残			
2	6	4	0	3	15	6	10

三 山中 二 中村 盗 富1 梓2 失 富3 梓1 ▽試合時間1時間10分

投手	回	打	安	失
武居	1	5	1	1
宮内	1 ⅔	13	2	7
武居	1 ⅓	7	3	2
山口	4	15	2	0
神部	1	3	0	0

梓川　勝利を呼ぶ先制点

1回戦　7/6　しんきん諏訪湖スタジアム

梓川 10－0 富士見

						計
富士見	0	0	0	0	0	0
梓川	1	0	7	2	X	10

五回コールドゲーム
（富）武居、宮内、武居－宮内、板倉　（梓）山口、神部－竹田

一回梓川2死二塁、中村が中前に先制適時打を放つ（投手武居、捕手宮内）

梓川は2019年夏以来の公式戦白星。主将の竹田は「今年はいろんな人の思いも背負っているのでうれしい」と笑みがはじけた。山本監督は「(富士見とは)力は五分五分。先制点を取れるかが勝負」と読んでいた。

一回、理想通りの形に持ち込んだ。2死二塁で1年生の中村が「4番として監督や先輩の期待に応えたかった」と、強い打球を意識したコンパクトな振りで中前打を放ち、二走を迎え入れた。三回には打者11人で一挙7得点。冬場の筋力トレーニングやロングティーの成果も発揮した。

●富士見・吉見主将「やってきた成果をほとんど出せず悔しい。後輩たちには、負けていても声を掛け合える明るいチームを目指してほしい」

大町岳陽			打	安	点
⑥		中山	5	0	0
④		内山	5	2	0
①	8	坂井	5	2	0
⑧	97	吉原	4	3	2
⑦	1	横川	5	1	1
②		堀	3	0	0
③		西沢	4	2	0
⑨		新津	1	0	1
1		須沢	2	2	0
9		本堂	1	0	0
⑤		深沢	2	1	2

振	球	犠	併	残			
5	6	1	1	9	37	13	6

辰野・阿南			打	安	点
④	6	登内	4	1	0
①	4	後藤	5	1	1
⑤		上垣	4	2	1
⑥	1	小松	2	1	1
⑦		中谷	4	3	4
⑨		牧内	1	1	2
②		藤本	5	1	0
③		高木	3	1	1
⑧		小坂	2	1	1

振	球	犠	併	残			
4	16	4	0	13	30	12	11

三 吉原 二 吉原、中谷2 盗 大3 連5 失 大1 連3 暴 坂井2、後藤、小松、横川 ボ 須沢 ▽試合時間2時間34分

投手	回	打	安	失
坂井	3 ⅔	24	4	6
須沢	2 ⅓	13	5	3
横川	2	13	3	4
後藤	3	19	6	5
小松	6	25	7	3

辰・阿連合　12安打13得点

1回戦　7/5　しんきん諏訪湖スタジアム

辰野・阿南 13－8 大町岳陽

										計
大町岳陽	1	1	3	0	0	0	1	2	0	8
辰野・阿南	3	0	0	3	0	3	1	3	X	13

（大）坂井、須沢、横川－堀　（連）後藤、小松－藤本

●大町岳陽・堀主将「ミスが響いた悔しい負けだが、全員が意識してきた強い打球は徹底できた。後輩たちにこの悔しさを晴らしてほしい」

12安打13得点。「打って打って打ち勝つ野球」（池邨監督）を掲げる辰野・阿南連合が、有言実行の初戦突破だ。

降雨の影響で約3時間20分遅れで試合が始まった。2点を追う四回、相手の制球難に乗じて1死満塁の好機をつくり、押し出し四球で得点。続く中谷の2点二塁打で逆転すると、六回以降も中谷や上垣の適時打で加点して突き放した。

辰野は助っ人を呼んで昨秋の南信予選に単独で出場したが、初戦敗退。「自分たちだけでは力不足。もう負けたくない」（小松主将）と、阿南とのチームを結成した。

伊那北			打	安	点
③		翁	3	0	0
④		井上	3	0	0
⑥	1	大野	1	0	0
②		伊藤	3	1	1
⑤		增田	3	0	0
①		松崎	1	0	0
1		中原	0	0	0
H		米山	1	0	0
6		岩崎	1	0	0
⑦		小池	2	1	0
⑧		三沢蒼	2	0	0
⑨		三沢丈	2	0	0

振	球	犠	併	残			
9	1	1	0	2	22	2	1

松商学園			打	安	点
⑨		宮下	4	2	5
⑦		間中	3	2	0
7		忠地	0	0	0
⑧		織茂	4	3	1
③		斎藤	4	2	3
④		渡辺大	2	0	1
1		今井	0	0	0
②		野田	4	1	0
⑤		滝川	3	1	0
①		渡辺創	1	1	0
H	4	金井	1	0	0
⑥		吉水	0	0	0

振	球	犠	併	残			
2	5	3	0	6	26	12	10

三 織茂 二 滝川、間中 盗 伊0 松5 失 伊1 松1 ▽試合時間1時間54分

投手	回	打	安	失
松崎	3 ⅓	21	9	8
中原	⅔	3	1	0
大野	2	10	2	2
渡辺創	5	17	2	1
今井	2	7	0	0

松商　背番号17が2発

2回戦　7/7　松本市野球場

松商学園 10－1 伊那北

								計
伊那北	1	0	0	0	0	0	0	1
松商学園	3	0	0	5	2	0	X	10

七回コールドゲーム　（伊）松崎、中原、大野－伊藤　（松）渡辺創、今井－野田　［本］斎藤、宮下2（松）

●伊那北・伊藤（一回に先制の右前打）「真っすぐを気持ちで打ち返した。1点しか取れなかったけれど、支えてくれた人たちに恩返しできた」

春の県大会を制した松商学園は、3本塁打を含む長打6本で10点を挙げ、初戦を突破した。

状態が万全でない主力がスタメンから外れた中で、背番号17の宮下が2打席連続本塁打と活躍した。3年生は「この夏は自分の打撃でチームを勝利に導く」と力強かった。

1本目は四回1死二、三塁。それまでの2打席が「消極的だった」と反省し、2ボールからの3球目を強振した。右翼芝生席に飛び込む3ランで点差を広げると、五回は2死二塁から沈む変化球をすくい上げ、再び右翼席に運んだ。

木曽青峰		打	安	点
⑥	古畑太	4	1	0
⑧	徳原	2	1	0
①	奈良	5	3	5
⑨	山本	3	1	1
3	雲野	0	0	0
③5	塩原	4	2	2
②	野中	5	1	1
⑦	加藤	3	1	0
⑤	深沢	3	0	0
H9	吉村	2	0	0
④	藤原	3	0	0

振球犠併残
4 8 2 1 8 34 10 9

松代		打	安	点
②	柳沢	3	0	0
⑤	磯田	3	0	0
⑧31	滝沢	4	1	0
③6	山崎	4	1	0
⑨8	桑原	4	0	0
①3	大塚	3	0	0
⑦	飯島	3	1	0
④	武井	1	0	0
H	稲葉	1	0	0
9	須田	1	1	0
⑥4	久保	4	0	0

振球犠併残
9 5 0 1 9 31 4 0

[三]奈良、加藤、古畑太、塩原[二]山本[盗]木1松1[失]木2松0[暴]大塚、奈良2
▽試合時間2時間13分

投手	回	打	安	失
奈良	9	36	4	0
大塚	8 ⅓	38	7	7
滝沢	⅔	6	3	2

青峰11年ぶり夏1勝

夏は11年ぶりとなる勝利を喜ぶ先発の奈良（右から2人目）ら木曽青峰の選手たち

●松代・大塚主将「初回から無駄な走者を出し、球数を要した。攻撃時に掛け声が出ず、チーム全体として覇気が足りなかった」

2回戦　7/8　松本市野球場

木曽青峰　9－0　松　代

	1	2	3	4	5	6	7	8	9	計
木曽青峰	0	0	3	0	0	0	3	0	3	9
松　代	0	0	0	0	0	0	0	0	0	0

（木）奈良－野中　（松）大塚、滝沢－柳沢　［本］奈良（木）

九回1死一塁で、中前へ抜けそうな当たりを木曽青峰の二塁手藤原が好捕。併殺を完成させた瞬間、木曽青峰の選手たちがベンチから飛び出し、2010年以来の夏1勝を喜び合った。

ヒーローは、投げては完封、打っては3安打5打点の奈良だ。三回に先制の適時三塁打を放つと、七回には「自信があるのは打撃。狙っていた」。直球を強振し、3点本塁打で試合の大勢を決めた。先発を任されながら5回3失点で負け投手になった昨夏の代替大会以降に強化したスタミナを生かし、要所で直球のギアを上げた。

松川		打	安	点
⑥	中平	3	0	0
④	棚田	3	0	0
⑧	大島	3	1	0
③	松田	2	1	0
R	東方	0	0	0
3	木戸	1	0	0
⑤	仲田	3	1	0
⑨	本島	3	1	0
②	市沢	2	1	0
①	平川	2	1	0
1	片桐	1	0	0
⑦	加藤	2	0	0

振球犠併残
4 1 0 0 5 25 6 0

松本第一		打	安	点
④	久保田	2	1	1
⑧	小山	3	2	2
⑤1	浜島	3	2	1
⑨	遠藤	2	0	0
⑦	熊谷	1	1	0
R	永森	0	0	0
5	須藤	0	0	0
⑥	佐々木	3	0	1
③	平林	2	0	0
②	茅野	1	1	1
①7	細川	4	1	0

振球犠併残
0 10 5 2 10 21 8 6

[二]浜島[盗]川0第1[失]川4第0[暴]片桐2
▽試合時間1時間43分

投手	回	打	安	失
平川	4	24	6	4
片桐	2	12	2	4
細川	6	23	5	0
浜島	1	3	1	0

松本第一　四回に5連打

そろいのマスク姿で生還した走者を迎える松本第一の選手たち

2回戦　7/9　松本市野球場

松本第一　8－0　松　川

	1	2	3	4	5	6	7	計
松　川	0	0	0	0	0	0	0	0
松本第一	0	0	0	4	2	2	X	8

七回コールドゲーム
（川）平川、片桐－市沢　（松）細川、浜島－茅野

●松本第一・小山（四回に5連打で4点を先制）「三回までは相手のペースだったが、守備で流れをつくって四回のチャンスをものにできた」

●松川・松田（四回の走塁で左脚を負傷）「主将の自分がベンチに退いてから相手の流れになった。チームに申し訳ないし、悔いが残る」

美須々ケ丘		打	安	点
⑥	太田	3	0	0
⑤	南沢	3	1	0
⑧	高島	2	0	0
②	吉田	3	1	0
⑦	関川	2	2	0
④	宮瀬	1	0	0
③	唐沢	2	1	1
①	月岡	2	0	1
⑨	小林修	3	0	0

振球犠併残
0 3 5 0 6 21 5 2

諏訪清陵		打	安	点
⑦	高橋	0	0	1
③	宮阪	4	1	0
⑧	河西丈	4	2	2
⑤1	河西蒼	5	2	0
②	山内	4	3	0
⑨	増沢	3	2	1
①4	梨本	3	1	0
⑥	岩井	3	2	1
④5	守屋耕	3	1	0

振球犠併残
2 7 5 1 13 29 14 5

[二]河西蒼、守屋耕[盗]美0諏3[失]美1諏1[暴]月岡3
▽試合時間1時間50分

投手	回	打	安	失
月岡	6 ⅓	41	14	9
梨本	4	18	4	2
河西蒼	3	11	1	0

清陵　四回に流れ呼ぶ

●松本美須々ケ丘・太田主将「先制していい流れだったが、守備でリズムをつくることができず、立て直すこともできなかった」

四回清陵1死三塁、河西丈の中犠飛で三走高橋が勝ち越しの生還を果たす

2回戦　7/7　松本市野球場

諏訪清陵　9－2　松本美須々

	1	2	3	4	5	6	7	計
松本美須々	0	2	0	0	0	0	0	2
諏訪清陵	0	0	2	1	4	0	2X	9

七回コールドゲーム
（美）月岡－吉田　（諏）梨本、河西蒼－山内

Bシードの諏訪清陵は一回無死一、二塁のチャンスで強攻策が実らず先制機を逃すと、直後の二回に2点を先取される重苦しい立ち上がりになった。

打線が三回に河西蒼からの4連打などで追い付くと、無安打で1点を勝ち越した四回の攻撃が勝負の境目になった。

死球で出塁した先頭の高橋が二盗を決め、無死二塁。続く宮阪が内側の難しい球を右方向に転がすチームバッティングで1死三塁と好機を広げ、河西丈の中犠飛で1点をもぎ取った。

長野西１、２番の活躍

●**小海・新津**（五回に適時二塁打）「空振りでもいいから、振り切ろうという思いだった。いい当たりが出て良かった」

２回戦　7/8　長野オリンピックスタジアム

長野西 11 — 2 小　海

小　海	0	0	0	0	2	0	0	2
長野西	4	0	5	0	2	0	X	11

七回コールドゲーム
（小）黒沢ー島崎（長）依田、和田、西沢ー南畑［本］内山（長）

長打５本を含む14安打でコールド勝ちした長野西は、1、2番の活躍が光った。

一回、１番久保田が中前打と二盗で好機を演出。２番内山が高校初の本塁打を右翼芝生席に運び、わずか５球で主導権を握った。

打線は一回に４点を奪い、先発の２年生依田を援護。丸山監督は「（早い回に）優位に立てたのが大きかった」と振り返った。

年下の仲間と目指す甲子園　病気で留年―
長野西高３年・市村選手

長野西高３年の市村侑也選手（18）が８日、１歳下の仲間と１回戦に挑んだ。市村選手は１年生の秋、「起立性調節障害」を発症し、１年間の留年を経験。病気を克服して迎えた今夏、３年生ながら、規定で大会には出場できない。それでも、ノックやバッティングピッチャーを務めるなど、裏方としてチームを支えている。

２度目の１年生として過ごしていた2019年９月、１歳下の仲間から「野球をやろうよ」と声を掛けられた。20年１月から朝の練習にも加わり「完全復帰」。昨夏、市村選手にとって最後の大会となる代替大会は、新型コロナウイルス感染拡大の影響で思うような練習ができないまま迎えた。ベンチ入りは果たしたが、３回戦で敗退した。

大会前に校内で開いた３年生のみが出場する「引退試合」ではホームランを放つなど、自身の成長も実感できた。初戦、チームは９点差で７回コールド勝ち。試合後、市村さんは「甲子園にまた１歩進んだ。選手がベストな状態で次の試合に臨めるようにサポートをしたい」と満足そうにうなずいた。

審判にボールを渡すため走るボールボーイの市村選手（中央）

２回戦　7/7　長野オリンピックスタジアム

上田西 5 — 1 小　諸

小　諸	0	0	0	0	1	0	0	0	0	1
上田西	2	0	2	0	0	0	0	1	X	5

（小）荻原ー遠藤（上）松村、堀内、山口ー石川、小川

序盤に得点　上田西勝利

●**上田西・柳沢主将**（一回に先制打）「気を楽にして、しっかり振り抜けた。大会を通して成長することがチームの目標。一戦必勝で戦っていく」

●**小諸・荻原**（８回５失点）「このメンバーで一つでも多く戦いたいという思いで投げた。もっとエースらしい投球ができればよかった」

２回戦　7/8　長野オリンピックスタジアム

上田千曲 10 — 0 須東・北部・坂城

須坂東・北部・坂城	0	0	0	0	0	0	0
上田千曲	2	2	3	0	2	1X	10

六回コールドゲーム
（連）渡辺、山口、滝沢ー山口、渡辺（上）山岸、宮入ー山崎

上田千曲　直球生きる

●**上田千曲・山岸**（３回を投げて無安打）「ブルペンからいい球を投げられていた。立ち上がりを大事に、強みの直球で攻めた」

●**須坂東・北部・坂城連合・山口主将**「思ったよりもエラーが少なかった。１年間、このチームで練習してきたことを試合で出せて良かった」

小　海		打	安	点
②	島　崎	4	0	0
④	山　口	4	2	0
⑧	井　出	4	2	0
③	新　津	3	1	1
①	黒　沢	3	0	1
⑦	白　川	3	1	0
⑤	小　池	3	2	0
⑨	渡　辺	3	0	0
⑥	小　林	3	0	0

振	球	犠	併	残			
4	0	0	1	7	30	8	2

長野西		打	安	点
⑥	久保田	4	3	2
④	内　山	3	3	4
⑤	山　田	3	1	1
⑧	渋　沢	3	1	0
⑦	小　山	3	2	1
⑨	辻	4	2	2
③	宮　尾	2	1	1
②	南　畑	3	1	0
①	依　田	3	0	0
1	和　田	0	0	0
H	青　木	1	0	0
1	西　沢	0	0	0

振	球	犠	併	残			
2	5	2	0	7	29	14	11

[三]内山[二]山田、宮尾、辻、新津[盗]小0長6[失]小0長1
▽試合時間1時間40分

投　手	回	打	安	失
黒　沢	6	36	14	11
依　田	5	24	8	2
和　田	1	3	0	0
西　沢	1	3	0	0

小　諸		打	安	点
④	舟　田	4	2	0
⑦	高橋駿	3	0	0
⑥	小林龍	4	1	0
②	遠　藤	4	0	0
⑧	八　嶋	4	1	0
③	竹　花	3	1	0
①	荻　原	3	0	1
⑨	篠原令	3	0	0
⑤	篠原大	3	1	0

振	球	犠	併	残			
8	0	1	0	4	31	6	1

上田西		打	安	点
⑧	笹　原	5	2	0
⑨	梅　香	4	1	0
⑥	柳　沢	4	2	1
⑦	大　藪	4	1	1
⑤	飛鳥井	3	1	1
5	藤　牧	0	0	0
④	土　岐	3	0	1
③	杉　浦	3	1	0
3	渡　辺	0	0	0
②	石　川	2	1	0
2	小　川	1	0	0
①	松　村	1	0	0
1	堀　内	0	0	0
H	滝　沢	0	0	0
R	上　島	0	0	0
1	山　口	1	0	0

振	球	犠	併	残			
0	2	5	2	9	31	9	4

[二]笹原、竹花、柳沢[盗]小0上1[失]小4上1
▽試合時間1時間53分（うち中断8分）

投　手	回	打	安	失
荻　原	8	38	9	5
松　村	5	17	2	1
堀　内	1	5	2	0
山　口	3	10	2	0

３校連合			打	安	点
⑥		丸　山	3	0	0
⑤		井　上	2	0	0
②	18	山　口	2	0	0
①	2	渡　辺	2	0	0
④		大日方	2	0	0
⑧	1	滝　沢	2	0	0
③		小林祐	2	0	0
⑨		小　山	1	0	0
H	9	池　田	1	0	0
⑦		松　沢	2	0	0

振	球	犠	併	残			
9	0	0	0	1	19	0	0

上田千曲			打	安	点
④		小林恵	2	1	1
⑥		野　田	3	1	1
②		山　崎	4	2	1
①	3	山　岸	3	1	0
⑦		小林相	3	2	0
⑧		鈴　木	2	0	0
H	8	柳　沢	2	1	1
③		尾　和	1	0	0
1		宮　入	1	0	0
⑤		石　原	2	2	2
⑨		松　沢	3	1	0
9		小　山	0	0	0

振	球	犠	併	残			
4	7	0	0	8	26	11	6

[二]石原2、小林恵[盗]連0上3[失]連3上1[暴]山口2[逸]山口
▽試合時間1時間18分

投　手	回	打	安	失
渡　辺	2	12	4	4
山　口	3⅔	19	5	6
滝　沢	⅔	2	2	0
山　岸	3	9	0	0
宮　入	3	10	0	0

長野吉田　左腕が粘投

●赤穂・松尾哲主将「ピッチングマシンで左投手の緩い球を想定して打ち込んできたけれど、練習でやれたことが試合ではできなかった」

●赤穂・木下（二回に3失点）「今年になってから立ち上がりが不安定で、球が高めに浮いてしまった。もっと低めに集められれば良かった」

四回から救援し、6回1失点と好投した上田染谷丘の戸田

2回戦　7/9　長野オリンピックスタジアム

長野吉田 4－2 赤穂

	1	2	3	4	5	6	7	8	9	計
長野吉田	0	3	0	0	0	1	0	0	0	4
赤　穂	0	0	1	0	0	0	0	1	0	2

（長）奥村－五明　（赤）木下－小玉

二回に高嶋、寺島の連続適時打で3点を先制した長野吉田。左腕の奥村が2失点完投し、松田監督は「踏ん張ってくれた。打たせて取る投球ができていた」と褒めた。

最速は「120キロ前後」というものの、スローカーブや縦のスライダーで緩急を付け、赤穂打線に的を絞らせなかった。「目の前の相手をどう抑えるかだけを考えた。（二回の）3点が大きかった」と奥村。3回戦は大会前の練習試合で大敗したという長野西が相手で、「リベンジしたい」と気持ちを高めた。

長野吉田		打	安	点
⑤	永田	4	0	0
④	仁科	4	0	0
②	五明	4	0	0
③	神田	4	0	0
①	奥村	4	3	0
⑧	山口	4	1	1
⑦	宮下	4	0	0
⑨	高嶋	3	2	1
⑥	寺島	3	1	2

振	球	犠	併	残	打	安	点
7	2	1	0	6	34	7	4

赤穂		打	安	点
⑥	坂井	4	0	0
⑤	大野遥	5	0	0
5	伊藤晴	0	0	0
①	木下	4	2	0
③	湯沢	3	1	0
⑨	馬場田	4	1	0
⑦	松尾哲	4	1	0
④	大野雄	5	2	0
⑧	埋橋	3	1	0
②	小玉	4	0	0

振	球	犠	併	残	打	安	点
7	7	0	0	14	36	8	0

［三］高嶋［二］木下、松尾哲［盗］長2赤0［失］長1赤4［暴］奥村
▽試合時間2時間8分

投手	回	打	安	失
奥村	9	43	8	2
木下	9	37	7	4

染谷丘、継投策はまる

2回戦　7/7　上田県営球場

上田染谷丘 2－1 上田

	1	2	3	4	5	6	7	8	9	計
上　田	0	0	0	0	0	1	0	0	0	1
上田染谷丘	1	1	0	0	0	0	0	0	X	2

（田）奥村、新海佑－佐野　（染）市河、戸田－中曽根

上田染谷丘は序盤に奪った2点のリードを2投手のリレーで死守。選手たちが練った継投策がはまり、接戦をものにした。

この日は球威で押せる2年生右腕の市河が序盤の失点を防ぎ、対応力があるエース戸田が試合を締める構想を描いた。

先発した市河は、角度のある直球を武器に3回無失点。2－0の四回から救援登板した戸田は緩急と制球力を生かし、中曽根が探った上田の各打者の弱点を突いて反撃を1点に抑え込んだ。

●上田染谷丘・鳴沢「（一回に先制打）有利なカウントになったので直球を強振した。三回以降は好機を逃したので次戦の課題にしたい」

●上田・淀川主将「投手中心に少ない失点で切り抜けられたが、持ち味の攻撃力を発揮できなかった。目標の4強入りに届かず悔しい」

上田		打	安	点
⑧	竹内	5	1	0
⑦	淀川	4	1	0
⑤1	新海佑	4	2	0
⑥	井出	4	1	0
②	佐野	3	0	1
④	新海結	2	1	0
③	構	3	0	0
H	長谷川	1	0	0
⑨	堀込	3	0	0
①5	奥村	2	0	0

振	球	犠	併	残	打	安	点
9	4	2	0	9	31	6	1

上田染谷丘		打	安	点
⑧	小林頌	4	1	0
⑦	滝沢静	3	1	0
①4	市河	4	0	0
⑤	鳴沢	4	2	1
⑨	花岡	4	0	0
②	中曽根	4	1	0
③	荻原	1	1	0
④	西沢	0	0	0
1	戸田	2	0	0
⑥	宮腰	3	2	1

振	球	犠	併	残	打	安	点
6	2	2	0	7	29	8	2

［二］小林頌、宮腰2、荻原［盗］上0染0［失］上0染1
▽試合時間2時間4分

投手	回	打	安	失
奥村	6⅔	27	8	2
新海佑	2	6	0	0
市河	3	11	1	0
戸田	6	26	5	1

岩村田　一挙5点で流れ

●長野東・田中主将「初回に先制できたことは良かった。二回1死満塁のチャンスで1点でも取れていれば流れが変わっていたかもしれない」

2回戦　7/8　上田県営球場

岩村田 8－1 長野東

	1	2	3	4	5	6	7	計
岩村田	0	5	1	0	1	0	1	8
長野東	1	0	0	0	0	0	0	1

七回コールドゲーム
（岩）有賀、井出勝、大井－関　（長）中塚、横川、田中－関口

岩村田は一回に先制されたが、二回に5長短打を集めて一挙5得点。同点とした直後の1死一、三塁から鈴木、唐沢の連続適時打などで突き放し、唐沢は「チームで外の真っすぐを狙っていた。流れを持ってこられた」と胸を張った。

春の東信予選は出場を辞退。昨秋以来となる公式戦に、主将の関は「夏に向けてやるしかないと切り替えてきた。緊張したけれど、勝てて良かった」と安堵《あんど》した。今春から指揮を執る柳沢監督は「普段と変わらない意識でやれていた」とうなずいた。

岩村田		打	安	点
⑥	鈴木	4	2	3
⑤	唐沢	4	1	2
②	関	4	2	1
①3	有賀	4	0	0
⑧	遠藤	4	2	0
⑨	井出慎	3	0	0
③	油井	3	1	0
1	井出勝	1	1	0
1	大井	0	0	0
⑦	大工原	4	2	0
④	小中沢	1	0	1
H	竹井	0	0	0
4	菊原	0	0	0

振	球	犠	併	残	打	安	点
1	3	2	2	8	32	11	7

長野東		打	安	点
④1	田中	2	1	0
⑥	山岸唯	3	1	0
①9	中塚	4	1	0
⑧	橋本	3	2	1
②	関口	4	1	0
③	小日向	2	0	0
⑤	徳竹	2	1	0
⑦	唐木	0	0	0
1	横川	1	0	0
4	坂田	1	0	0
⑨7	山岸一	2	1	0

振	球	犠	併	残	打	安	点
4	9	2	0	13	24	8	1

［三］唐沢、井出勝［二］田中、大工原、山岸一［盗］岩2長0［失］岩1長5
▽試合時間2時間12分

投手	回	打	安	失
有賀	3⅓	18	4	1
井出勝	3⅓	16	4	0
大井	⅓	1	0	0
中塚	1⅔	14	6	5
横川	4⅔	21	5	3
田中	⅔	2	0	0

須坂が先発全員安打

2回戦　7/9　上田県営球場

須　坂　17－2　蓼科・軽井沢・蘇南

須　坂	1	0	3	0	5	0	8	17
蓼科・軽井沢・蘇南	0	0	0	1	0	0	1	2

七回コールドゲーム
（須）金丸、井上、川内野－下田（連）高島－高野

●蓼科・軽井沢・蘇南連合・服部（四回に適時三塁打を放った蓼科の2年生）「前進守備の頭を越そうと狙った。来年は単独出場し、1勝したい」

須坂は先発全員の21安打と打線が活発で、2019年夏以来の公式戦白星を挙げた。

一回1死から川内野と中平の連打で一、三塁とし、4番山岸の右前打で幸先良く先制。三回に4長短打で3点を加え、五、七回は打者一巡の猛攻で突き放した。主将の塚田は「朝練習で打ち込んできた成果」とうなずいた。

一方で挟殺プレーでミスが出るなど守備で3失策。「大勝に慢心することなく修正したい」（塚田）と反省が先立った。

須　坂		打	安	点
⑧	井　浦	5	1	0
⑥1	川内野	5	4	1
④	中　平	5	3	2
③	山　岸	4	1	2
②	下　田	4	2	3
⑦	塚　田	3	2	2
⑤6	藤　沢	5	3	2
⑨	小林大	5	3	1
①	金　丸	3	1	1
1	井　上	0	0	0
5	中　山	1	1	2

振	球	犠	併	残	打	安	点
1	5	1	0	8	40	21	16

3校連合		打	安	点
⑧	藤　塚	3	1	1
②	高　野	4	2	0
⑥	杉　本	3	1	0
⑤	品　原	3	1	0
⑦3	服　部	3	1	1
①	高　島	3	1	0
③	大久保	1	0	0
4	倉　沢	2	0	0
④7	岩　下	3	1	0
⑨	笹　井	2	0	0

振	球	犠	併	残	打	安	点
6	2	1	0	7	27	8	2

[三]井浦、服部[二]下田、中平、塚田、中山[盗]須0連3[失]須3連3[暴]高島[逸]高野▽試合時間2時間12分

投手	回	打	安	失
金　丸	4	15	2	1
井　上	1	5	1	0
川内野	2	10	5	1
高　島	7	46	21	17

小諸商走力生かし逆転

2回戦　7/7　上田県営球場

小諸商　5－4　中野立志館

中野立志館	0	0	1	1	0	0	1	1	0	4
小　諸　商	0	0	0	2	3	0	0	0	X	5

（立）本山、須藤、神戸－湯本（小）渡辺、関、青柳－大沢
［本］田村（立）

●中野立志館・神戸（2回無失点）「2月に左膝を手術し、リハビリ中はデータ分析に取り組んだ。野球への理解が深まった」

小諸商は序盤、サヨナラ勝ちで1回戦を突破した中野立志館の勢いに押された。しかし、「緊張がほぐれた」（古越主将）中盤、自信のある走力を絡めた攻撃で逆転した。0―2の四回、四球で出塁した古越がすかさず二盗を決めた。一ゴロで三塁に進み、加藤の左前打で生還。その加藤も「相手のけん制を見て、スタートを切れると思った」と盗塁成功。黒岩のバント安打で三進し、米山の一ゴロの間に同点のホームを踏んだ。五回も先頭の清住が左前打と盗塁で好機を広げ、新津の勝ち越し打につなげた。

立志館		打	安	点
⑧	宮　下	4	1	0
⑥	田　村	4	1	1
⑦	富　沢	3	1	0
⑨	町　田	3	0	0
③	山　崎	4	1	0
②	湯　本	4	1	0
①	本　山	2	0	0
15	須　藤	1	0	0
H	丸山大河	1	0	0
⑤	佐　藤	2	2	0
R5	田中皓	0	0	0
H1	神　戸	2	0	0
④	田中弥	3	1	1

振	球	犠	併	残	打	安	点
7	1	1	1	4	33	8	2

小諸商		打	安	点
⑧	古　越	3	0	0
③	新　津	4	2	2
⑥	加　藤	4	2	2
⑨	黒　岩	4	1	0
⑦	米　山	3	1	1
1	青　柳	1	0	0
⑤	小林伸	1	0	0
④	清　住	3	1	0
②	大　沢	1	0	0
H	由　井	1	0	0
2	臼　田	0	0	0
①	渡　辺	1	0	0
H	小林虎	0	0	0
17	関	1	1	0

振	球	犠	併	残	打	安	点
2	3	2	1	3	27	8	5

[二]宮下、新津、米山[盗]立5小4[失]立0小2[暴]渡辺2、須藤▽試合時間2時間5分

投手	回	打	安	失
本　山	4 2/3	20	4	5
須　藤	1 1/3	5	2	0
神　戸	2	7	2	0
渡　辺	5	20	5	2
関	2	8	2	1
青　柳	2	7	1	1

飯田Ｏ長姫雪辱果たす

2回戦　7/8　しんきん諏訪湖スタジアム

飯田Ｏ長姫　8－6　飯　田

飯田Ｏ長姫	0	0	3	2	0	0	1	2	0	8
飯　　田	1	0	0	0	2	0	1	2	0	6

（Ｏ）松下－熊谷（飯）力石、宮下、花井－塩沢

飯田ＯＩＤＥ長姫が春の南信予選を制したシード校の飯田に競り勝った。

飯田の左腕力石への徹底した対策が実った。三回1死一塁から大島の右越え三塁打で同点とし、2死後に鋤柄、田巻の連続長打で加点。四回は2死二、三塁から再び鋤柄と田巻の連続適時打でリードを広げた。

「研究され投げきれず」

ここまで大事な試合で完投していた力石が四回を終えて降板。エースは「相手はやり返してくると思ったので、それ以上の努力をしてきたが、向こうが上だった」と受け止めた。

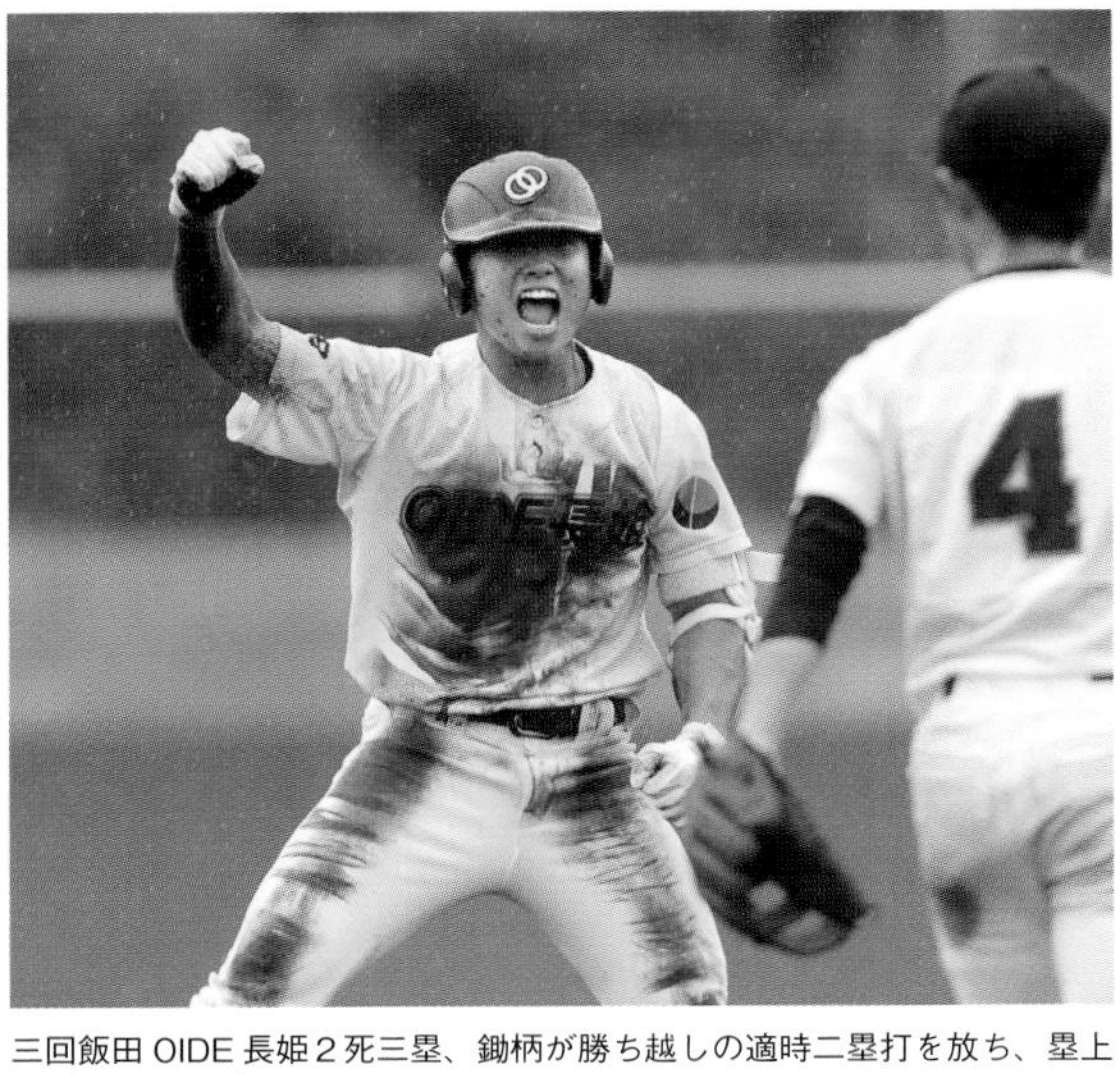

三回飯田 OIDE 長姫２死三塁、鋤柄が勝ち越しの適時二塁打を放ち、塁上でガッツポーズ

飯田Ｏ長姫		打	安	点
⑥	市　瀬	4	2	0
④	大　島	4	1	2
②	熊　谷	6	1	0
⑨	鋤　柄	5	4	2
⑤	田　巻	3	2	2
①	松　下	4	1	1
⑧	日　野	3	2	0
⑦	相　原	5	1	0
③	樽　沼	3	1	1

振	球	犠	併	残	打	安	点
5	9	5	2	16	37	15	8

飯　田		打	安	点
⑦17	宮　下	3	1	0
②	塩　沢	4	2	2
⑤3	登　内	5	2	1
⑨	藤　森	4	2	3
①	力　石	0	0	0
H7	小　池	3	0	0
1	花　井	1	1	0
③	浜　島	1	0	0
H5	熊　谷	4	3	0
④	池　戸	0	0	0
H	松　下	1	0	0
4	西　尾	1	0	0
⑧	坪　井	4	2	0
⑥	平　栗	3	0	0

振	球	犠	併	残	打	安	点
5	7	4	0	12	34	13	6

[三]大島、田巻、市瀬[二]塩沢2、鋤柄、坪井[盗]長0飯0[失]長1飯1▽試合時間2時間49分

投手	回	打	安	失
松　下	9	45	13	6
力　石	4	24	9	5
宮　下	3 1/3	21	5	3
花　井	1 2/3	6	1	0

諏訪二葉		打	安	点
⑧	金　子	5	0	0
⑥	五味亮	5	1	1
①9	小　池	5	2	0
⑨1	平　手	3	1	1
⑤	松村仁	3	1	0
③	松村颯	4	1	3
⑦	池　上	4	1	0
④	高　木	0	0	2
②	樋　川	2	0	0

振球犠併残
3 8 6 0 10 31 7 7

蟻ケ崎		打	安	点
⑧	米　山	3	2	1
②	有　田	2	2	0
⑥	小　口	3	1	2
⑤	青　木	5	2	2
④1	丸山望	5	2	1
③	内　沢	5	1	2
⑨	丸山開	2	0	0
①	山　浦	2	0	0
4	菅　谷	2	1	1
⑦	吉　村	4	0	1

振球犠併残
8 11 0 0 10 33 11 10

三有田 二小池2、松村颯、有田、内沢 盗二0蟻0 失二1蟻3 逸有田
▽試合時間2時間52分

投　手	回	打	安	失
小　池	6⅔	36	9	10
平　手	1⅓	8	2	1
山　浦	5⅓	27	5	5
丸山望	3⅔	18	2	3

松本蟻ケ崎　一気に逆転

2回戦　7/9　しんきん諏訪湖スタジアム

蟻ケ崎 11－8 諏訪二葉

諏訪二葉	3	1	0	1	0	0	0	1	2	8
蟻ケ崎	0	0	3	0	4	0	4	0	X	11

（二）小池、平手－樋川　（蟻）山浦、丸山望－有田

五回蟻ケ崎２死一、三塁、丸山望の右前打で同点とする

●**諏訪二葉・小池**（先発し、五回に相手打線につかまる）「詰まらせた当たりがポテンヒットになり、力を入れて抑えようとして球が浮いた」

松本蟻ケ崎は一、二回に計4失点。徐々に落ち着きを取り戻したチームの反撃は五回だった。２死無走者から有田が二塁打で口火を切り、内沢まで長短５連打で４点を挙げて逆転。それまで２連続三振だった内沢は2点二塁打を放った。

直後の六回は１死満塁のピンチを迎えたが、エース丸山望が好救援。変化球を打たせて２者連続で内野フライに打ち取った。これで流れは完全に蟻ケ崎に傾き、終盤の諏訪二葉の反撃にも耐え抜いた。

箕輪進修		打	安	点
④1	中　村	3	1	1
②	北　原	3	0	0
③	安　藤	2	0	0
⑤	酒　井	3	1	1
⑥	宮　島	3	0	0
①7	下　田	2	0	0
⑧	大　槻	2	0	0
⑦49	藤　森	2	1	0
⑨4	林	1	1	0
H	岩　花	1	1	0

振球犠併残
6 1 0 0 5 22 5 2

田　川		打	安	点
⑥	桑　原	4	3	1
④	粟津原	2	0	0
②	塩　原	3	2	2
①	降　籏	3	2	1
③	北　原	4	2	5
⑧	吉　沢	3	1	2
⑨	吉　江	3	2	0
⑤	片　桐	1	0	0
⑦	小　林	2	0	1

振球犠併残
2 7 2 0 7 25 12 12

三北原 二酒井 盗箕0田9 失箕3田3 逸塩原
▽試合時間1時間14分

投　手	回	打	安	失
下　田	1⅓	14	3	8
中　村	2⅔	20	9	7
降　籏	5	23	5	3

気を緩めず田川15得点

2回戦　7/9　しんきん諏訪湖スタジアム

田　川 15－3 箕輪進修

箕輪進修	0	0	0	1	2	3
田　川	3	10	0	2	X	15

五回コールドゲーム
（箕）下田、中村－北原　（田）降籏－塩原

●**田川・吉沢主将**「昨日の試合が雨でノーゲームになり、気持ちをつくり直して臨んだ。最後まで気を緩めずにできた」

●**箕輪進修・須田監督**「課題の守備でミスが出て、二回は失点が多くなった。四、五回は今までにないぐらい打線がつながった」

高　遠		打	安	点
②	阿　部	3	1	0
⑤7	井　上	4	0	1
④	湯　田	4	0	1
⑥	小　池	5	3	1
③	白　鳥	2	1	1
⑦1	柳　原	3	1	3
⑧	小松快	4	0	0
①	登　内	1	1	0
H	栗　田	0	0	0
R	井沢夏	0	0	0
1	城　倉	1	0	0
5	友　野	1	0	0
⑨	井沢伶	3	2	2

振球犠併残
11 0 5 0 11 31 9 9

阿　智		打	安	点
⑥	松　下	3	1	0
⑨	二　茅	3	0	0
④1	鈴　木	4	3	1
①4	原　圭	3	0	0
⑧	桜井柊	4	2	2
⑦	牛　山	2	0	0
H	美濃部	1	0	0
⑤	中島光	2	1	0
②	久保田	1	0	0
2	山　崎	2	0	0
③	中島星	1	0	1

振球犠併残
6 5 4 0 7 26 7 4

三井沢伶 二鈴木 盗高3阿1 失高0阿3 逸久保田 ボ柳原
▽試合時間2時間43分

投　手	回	打	安	失
登　内	5	24	6	4
城　倉	1	4	0	0
柳　原	2	7	1	0
原　圭	6	34	7	7
鈴　木	2	12	2	4

阿智　成長見せ競り合う

2回戦　7/7　しんきん諏訪湖スタジアム

高　遠 11－4 阿　智

高　遠	3	1	0	0	0	3	0	4	11
阿　智	1	1	2	0	0	0	0	0	4

八回コールドゲーム　（高）登内、城倉、柳原－阿部　（阿）原圭、鈴木－久保田、山崎　［本］桜井柊（阿）

●**高遠・井沢伶主将**「夏の大会は簡単に勝てるわけではないと思っていた。途中から強いゴロを打つことを意識して相手のミスを誘えた」

阿智が、春の県大会4強の高遠と中盤まで競り合う展開に持ち込んだ。丸山監督は「3年生にとってはベストゲームになった」と選手の成長を感じ取った。

公式戦で初登板となった主将の原圭が先発。「制球がいいので計算できる。責任感も強い」と送り出した指揮官は、「満点をつけてやりたい」と評価した。２点を追う三回には桜井柊が２点本塁打。高めの直球を捉え、「前の打席もいい当たりだったが、気持ちを切り替え、次につなげることだけを考えた」と喜んだ。

長野日大　終盤引き離す

2回戦　7/7　長野オリンピックスタジアム

長野日大 7－2 屋代

	1	2	3	4	5	6	7	8	9	計
長野日大	0	1	0	1	0	1	3	1	0	7
屋代	1	0	0	0	0	1	0	0	0	2

(長)白根－東海林　(屋)蚊野、井口－池尻

第3シード校の長野日大は、新型コロナウイルス感染対策のため、春季県大会後にできた対外試合はわずか1日。実戦不足が否めない中、六回まで3－2の接戦だった。それでも、「選手には終盤勝負になると伝えていた」という松橋監督の言葉通り、慌てず終盤で引き離した。

七回、先頭の白根の中前打を足掛かりに無死満塁とし、松永の中犠飛、青木翔の2点二塁打でリードを広げた。エース白根が制球に苦しんでいたこともあり、3安打3打点と援護した捕手の東海林は「何とか一本という思いだった」と安堵《あんど》の表情だった。

●**屋代・蚊野**（先発し、6回3失点）「ボールを置きにいったら打たれると思ったので、自信を持って思い切り投げ込んだ。仕事は果たせた」

四回岡谷工2死二塁、打球が左中間に抜けたのを確認しながら一塁を回る宮嶋

長野日大		打	安	点
⑨	平林	5	3	1
⑤	塚田	4	0	0
④	松永	3	0	1
H	三ツ井	1	0	0
4	田貝	0	0	0
⑥	青木翔	5	3	2
③	二本松	3	0	0
H3	西沢	2	0	0
⑦	中島	4	1	0
②	東海林	4	3	3
⑧	青木悠	4	2	0
①	白根	4	1	0

振球犠併残
5 1 1 1 7 39 13 7

屋代		打	安	点
④	松原	5	2	0
⑧	鎌田	5	1	0
⑥1	井口	3	1	1
③7	小林偉	4	1	0
②	池尻	4	1	0
⑨	野中	3	1	0
H3	牧野	1	1	0
⑦9	寺沢昇	3	1	1
⑤6	山口創	4	1	0
①	蚊野	2	0	0
5	坂本	1	0	0
H	寺沢優	1	0	0

振球犠併残
10 2 0 0 9 36 10 2

[三]東海林、平林[二]野中、青木悠、青木翔[盗]日3屋1[失]日1屋2[ボ]白根▽試合時間2時間4分（うち中断11分）

投手	回	打	安	失
白根	9	38	10	2
蚊野	6	26	8	3
井口	3	15	5	4

岡谷工　集中打で逆転

2回戦　7/8　長野オリンピックスタジアム

岡谷工 11－4 長野南

	1	2	3	4	5	6	7	8	計
長野南	0	2	0	1	0	0	0	1	4
岡谷工	0	1	0	5	0	3	0	2X	11

八回コールドゲーム
(長)寺尾－鳥羽　(岡)松田、山田－横内

岡谷工は序盤にミスが絡んで先行を許したが、四回の集中打で形勢を逆転した。

1死二塁から山田の中越え三塁打で1点を返すと、犠飛を挟む長短5連打で畳み掛けた。2死二塁から左中間に適時三塁打を放った2年生の宮嶋は「ミス絡みの失点で悪い流れだったので、少しでも流れを変えたかった」。甘い直球を見逃さない集中力が光った。

最終的に計14安打11得点で大勝。

●**長野南・寺尾主将**「序盤に先制点を取れたのは良かったが、エラーが重なり失点した。守備で要所を抑えて接戦に持ち込みたかった」

八回佐久平総合1死満塁、中島の適時打で生還し、三走の吉沢（左）とハイタッチする二走の土屋実

長野南		打	安	点
①	寺尾	4	1	0
⑧	藤沢	4	1	1
④	一柳	4	1	0
⑨	高橋	3	0	0
②	鳥羽	4	0	0
⑦	細井	4	1	0
③	内山	3	0	0
⑥	金児	3	1	1
⑤	千島	3	0	0

振球犠併残
10 3 1 0 8 32 5 2

岡谷工		打	安	点
⑨	瀬川	4	1	1
⑤	小林	5	2	1
③	宮嶋	5	4	4
⑧	五味	5	1	1
⑦	三谷	3	1	0
⑥	高見	3	0	1
①	松田	1	1	0
1	山田	3	1	1
④	小口慶	3	2	0
4	深町	1	0	0
②	横内	3	1	1

振球犠併残
4 1 3 0 6 36 14 10

[三]山田、宮嶋2[二]寺尾、小林、五味[盗]長1岡7[失]長2岡3[暴]松田、山田▽試合時間2時間4分

投手	回	打	安	失
寺尾	7 ⅔	40	14	11
松田	3 ⅔	20	5	3
山田	4 ⅓	16	0	1

佐久平総合が10盗塁

2回戦　7/9　長野オリンピックスタジアム

佐久平総合 11－6 長野商

	1	2	3	4	5	6	7	8	9	計
佐久平総合	0	0	0	1	0	2	0	6	2	11
長野商	2	1	0	0	0	0	0	3	0	6

(佐)生島、小林－土屋真　(長)丸山、内堀－緑川

佐久平総合技術の川島監督は、うっすらと涙を浮かべながら18人の選手をたたえた。「普通にやって勝てる相手ではない。勇気を持って走ってくれた」。長野商バッテリーの隙につけ込んで10盗塁と足で揺さぶった。

相手守備に重圧を掛け続けると、打線がつながったのは同点の八回。先頭の吉沢が出塁し、敵失や四球などで1死満塁とした。好機で打席に立った中島は外角直球を左翼へ。2点を勝ち越すと、その後も菊池の2点三塁打などで突き放した。

●**長野商・石坂主将**「自分たちから崩れて、相手に流れを渡してしまったことが敗因。初戦敗退という結果に終わってしまってふがいない」

佐久平総合		打	安	点
⑧	中島	5	1	3
⑥	高見沢	6	3	0
⑤	菊池	6	3	2
③	土田	5	0	0
⑦	両川	5	2	1
R	難波	0	0	0
7	碓井	0	0	0
④	吉沢	4	3	0
⑨	土屋実	2	1	0
②	土屋真	3	3	2
①	生島	1	0	0
1	小林	3	0	0

振球犠併残
14 7 2 0 11 40 16 8

長野商		打	安	点
④6	池田	5	3	2
⑤	堀快	5	1	0
⑧	石坂	4	1	1
③	小林	5	2	1
⑦	伊藤	4	1	1
⑥	堀隼	3	0	0
H	湯本	1	0	0
4	笠原	1	0	0
①	丸山	3	0	0
1	内堀	0	0	0
H	大桃	0	0	0
⑨	武田	4	2	0
②	緑川	5	3	1

振球犠併残
1 4 1 0 12 40 13 6

[三]菊池[二]小林（長）緑川、武田、菊池、土屋実[盗]佐10長1[失]佐0長4[暴]生島、丸山、内堀▽試合時間2時間46分（中断1時間24分）

投手	回	打	安	失
生島	1 ⅔	9	3	3
小林	7 ⅓	36	10	3
丸山	7 ⅔	39	11	8
内堀	1 ⅓	10	5	3

野沢北　五回に一挙５点

五回野沢北２死一、二塁、川上が左越えに２点二塁打を放ち、５－１とリードを広げる

2回戦　7/7　長野オリンピックスタジアム

野沢北 5－3 篠ノ井

	1	2	3	4	5	6	7	8	9	計
篠ノ井	0	0	0	1	0	0	0	2	0	3
野沢北	0	0	0	0	5	0	0	0	X	5

（篠）浦野、丸山航－田中（野）宮下－駒村

五回に打者9人で5得点のビッグイニングをつくった野沢北が、Bシード校の篠ノ井を逆転で下した。「春はチャンスで打てなかった」（篠原監督）という打線が成長を示し、3年ぶりに夏の2回戦を突破した。

篠ノ井の先発浦野の速球とスライダーに苦しみ、四回まで無安打。それが五回。先頭の宮下が「流れに乗れば強いチーム。まずは追い付く」と直球を左前に運ぶと、死球と代打角田の中前打で無死満塁。1死後、堀込のスクイズと堤の強襲内野安打で勝ち越し、なおも山田、川上が連続適時打で続いた。

●篠ノ井・浦野投手（八回に適時打）「つなぐ思いで打てたのは良かったが、五回の５失点は自分のミスで傷口を広げてしまった」

篠ノ井		打	安	点
⑤	樽田	4	1	0
⑥	高木	3	1	0
⑦	吉岡	4	1	1
①9	浦野	4	2	1
③	青木	4	1	0
⑧	権田	3	0	0
④	田牧	4	0	0
⑨	野崎	2	0	0
1	丸山航	2	0	0
②	田中	3	0	0

振球犠併残
3 2 0 0 5 33 6 2

野沢北		打	安	点
⑦	堤	3	2	1
⑥	山田	3	1	1
④5	川上	4	1	2
③	南沢	4	0	0
①	宮下	4	1	0
⑧	磯貝	2	0	0
⑤	土屋康	1	0	0
H	角田	1	1	0
4	菊池	0	0	0
H	黒岩	1	0	0
4	工藤	0	0	0
②	駒村	3	0	0
⑨	堀込	2	0	1

振球犠併残
6 2 2 0 3 28 6 5

［二］川上、樽田［盗］篠0野1［失］篠0野2▽試合時間1時間37分

投手	回	打	安	失
浦野	5	22	5	5
丸山航	3	10	1	0
宮下	9	35	6	3

ウェルネス打撃強化実る

●長野・中村渓主将「失策が多かった前半の守りが響いた。後輩たちにはきょうの負けを心に刻んでもらい、来年は勝ち上がってほしい」

●日本ウェルネス長野・杉浦（二回に先制打を放った１年生）「自分なら大丈夫だと言い聞かせて打席に向かった。監督方の指導のおかげです」

2回戦　7/8　松本市野球場

ウェルネス 8－3 長野

	1	2	3	4	5	6	7	8	9	計
ウェルネス	0	3	1	3	0	1	0	0	0	8
長野	0	1	0	0	0	1	0	0	1	3

（ウ）広瀬、村上－山上（長）小嶋凌、田沼、小嶋宗、小沢－中村渓

監督として春夏通算11回の甲子園に出場した中原監督でさえも「何年やっても難しい」と語る夏の初戦を、日本ウェルネス長野が突破。3安打2打点と活躍したのは「監督の下で学びたい」と神奈川県から越境入学した9番の3年生青木だ。

二回、1点を先制した後の2死二、三塁で中前に2点適時打を放ち、流れを呼び込んだ。その後も2安打を重ね、5試合で計1安打に終わった春季大会後に取り組んだ打撃強化の成果を示した。「相手が強くなる中でも活躍できるように練習したい」と青木。

ウェルネス		打	安	点
⑥	浅沼	4	1	0
⑦	田場	5	2	3
②	山上	4	0	0
③	鈴木	5	2	0
①	広瀬	3	1	1
1	村上	1	0	0
⑤	杉浦	3	1	1
R5	中山	1	0	0
⑧	田中	2	0	0
⑨	原	3	0	0
9	荻原	0	0	0
④	青木	4	3	2

振球犠併残
3 5 3 2 8 35 10 7

長野		打	安	点
⑨	間宮	4	1	0
⑤	上野	3	1	0
②	中村渓	3	0	0
⑧	堀内	3	1	0
③	伊藤	4	1	0
④	小山裕	3	0	1
①	小嶋凌	1	1	0
1	田沼	1	0	0
H	西村	0	0	0
1	小嶋宗	1	0	0
1	小沢	1	1	0
⑥	大谷	3	1	0
H	黒田	0	0	1
⑦	市川	1	0	1
H7	中村悠	1	0	0
H	小山紋	1	0	0

振球犠併残
5 5 1 1 6 30 7 3

［三］小沢［二］広瀬［盗］ウ4長0［失］ウ0長5▽試合時間2時間9分

投手	回	打	安	失
広瀬	6	24	4	2
村上	3	12	3	1
小嶋凌	3 ⅓	20	6	7
田沼	2 ⅔	10	2	1
小嶋宗	2 ⅓	9	1	0
小沢	⅔	4	1	0

13回中野西１死二、三塁、東谷涼が右前に２点適時打を放ち、５―３と勝ち越す

タイブレークは中野西

2回戦　7/8　上田県営球場

中野西 5－4 駒ケ根工

	1	2	3	4	5	6	7	8	9	10	11	12	13	計
中野西	0	0	2	0	0	1	0	0	0	0	0	0	2	5
駒ケ根工	1	0	0	1	0	0	0	1	0	0	0	0	1	4

延長十三回、13回からタイブレーク
（中）青木、三ツ井－伊東（駒）小林、渡辺－宮下浩

雨が強まり、1時間余りの中断を挟んだ一戦が決着したのは今大会初となるタイブレークに突入した延長十三回。ナイター照明がともる中、中野西は1死二、三塁で主将の東谷涼が、直球にやや差し込まれながらも右前へ。2者が生還して勝ち越すと、その裏の駒ケ根工の反撃を1点に抑えた。

3時間49分の激戦を四回から投げきった三ツ井は「自信につながるし、いい流れも来ると思う」と弾みが付いた様子。

●駒ケ根工・宮下浩主将「先制点で自分たちの流れをつくれた。逆転されても追い付けたが、最後の詰めの部分で中野西の方が上だった」

中野西		打	安	点
⑧	加藤	6	4	1
9	羽生田	0	0	0
⑥	東谷涼	6	2	2
⑨1	三ツ井	7	1	0
③	大田	6	1	1
3	福山	0	0	0
①7	青木	5	1	0
R98	東谷裕	2	0	0
⑤	永井	3	1	0
R	堀内	0	0	0
5	山田	2	0	0
⑦97	松村	6	3	0
②	伊東	4	0	0
④	上村	4	0	0

振球犠併残
6 5 3 1 17 51 13 4

駒ケ根工		打	安	点
①9	小林	4	2	0
④	阿部	4	0	1
⑥	高橋	6	2	1
②	宮下浩	6	2	0
⑨	馬場	3	1	0
1	渡辺	3	0	1
⑤	金指	5	1	1
⑦	百瀬	6	1	0
③	三浦	5	1	0
⑧	有賀竣	2	1	0

振球犠併残
8 3 5 1 11 44 11 4

［三］小林［二］松村、東谷涼、青木、小林［盗］中1駒2［失］中1駒3［暴］小林、渡辺▽試合時間3時間49分（うち中断1時間1分）

投手	回	打	安	失
青木	3	11	3	1
三ツ井	10	41	8	3
小林	6	30	8	3
渡辺	7	29	5	2

飯田風越　中軸が活躍

2回戦　7/9　松本市野球場

飯田風越 5—2 南安曇農

南安曇農	1	0	0	1	0	0	0	0	0	2
飯田風越	2	0	1	1	0	0	1	0	X	5

(南)小沢ー保科(風)西村、寺沢ー近藤

一回風越2死二、三塁、近藤の中前打で三走池田（右）に続いて二走木村（中央）が生還し、2−1と勝ち越す

●南安曇農・保科（一回の適時三塁打を含む3本の長打）「（ノーゲームとなった）前日の打席で真っすぐの球筋をイメージできていた」

飯田風越に流れを呼び込んだのは、5番のバットだった。1点を追う一回に逆転の2点適時打を放った近藤は、三回の第2打席でも貴重な追加点となる犠飛。小椋監督は「どっちに転んでもおかしくない試合。本当にありがたかった」と殊勲の3年生を褒めた。

一回は2死二、三塁の好機。追い込まれたが、高めの直球をコンパクトに振り抜いて二遊間を抜いた。「詰まったけれど、センター方向に意識があったので捉えることができた」と近藤。一回終了時点で降雨ノーゲームとなった前日の打席で相手右腕の球筋を見て、攻略のイメージを描けていたことが大きかった。

南安曇農			打	安	点
⑧		緒方	4	0	0
④		竹村	4	1	0
③		川上	4	3	0
②		保科	4	3	1
⑨		モリス	3	0	0
①		小沢	4	0	0
⑤		及川	4	1	1
⑥		徳武	3	0	0
⑦		三沢	3	0	0
H		丸山	1	0	0

振球犠併残
7 2 0 0 7 34 8 2

飯田風越			打	安	点
⑧		宮下	4	1	1
H	9	吉沢	1	0	0
④	98	池田	4	2	0
⑥		木村	3	1	0
⑦		岩下	4	1	0
②		近藤	3	1	3
①	4	西村	3	0	1
⑤		渋谷	4	0	0
⑨		塩沢	3	0	0
H		竹原	1	0	0
1		寺沢	0	0	0
③		青嶋	2	1	0
3		今村	1	0	0

振球犠併残
5 3 2 1 9 33 7 5

［三］保科［二］池田、保科2、及川［盗］南0飯3［失］南4飯1［暴］小沢
▽試合時間2時間3分

投手	回	打	安	失
小沢	8	38	7	5
西村	7	27	6	2
寺沢	2	9	2	0

都市大　投打かみ合う

2回戦　7/7　松本市野球場

都市大塩尻 6—0 伊那弥生丘

都市大塩尻	0	0	0	3	0	0	2	1	0	6
伊那弥生丘	0	0	0	0	0	0	0	0	0	0

(都)今野、三沢ー松田 (伊)小松、下島ー穂苅

●伊那弥生ケ丘・小岩井（九回2死から中前打で出塁）「全力でフルスイングした。野球人生で一番楽しい打席だった」

都市大塩尻の長島監督は、攻守の歯車がかみ合って快勝した初戦に「いつも通りの野球ができた」と納得顔。主戦右腕の今野はバックの好守にも支えられて8回を無四球無失点と好投し、9安打で6点を挙げた打線の援護も効果的だった。

序盤は守備で球が手に付かない場面もあったが、「野手の足が動くように打たせて取ることができた」と今野。硬さがほぐれた守備でリズムをつくると、四回に松田の適時三塁打などで3点を先取し、七回は集中打で追加点を奪った。

都市大塩尻			打	安	点
④	79	吉井	4	2	1
⑧		渡辺	3	1	0
⑥		佐野	2	1	0
⑨		内山	2	0	0
H		鈴木	0	0	0
9		田村	0	0	0
1		三沢	0	0	0
⑤		米本	4	2	2
②		松田	5	3	2
①	7	今野	2	0	1
⑦		武井	3	0	0
4		清水	0	0	0
③		炭田	3	0	0

振球犠併残
2 7 7 0 9 28 9 6

伊那弥生丘			打	安	点
⑧		小岩井	4	2	0
⑤		中島	3	1	0
⑥		有賀	4	0	0
①	9	小松	3	0	0
②		穂苅	3	0	0
⑦		伊沢	3	0	0
⑨		山本	2	0	0
1		下島	1	0	0
③		池田	2	0	0
H		木下	1	0	0
④		宮嶋	3	0	0

振球犠併残
7 0 1 1 3 29 3 0

［三］松田［二］中島［盗］都6弥0［失］都0弥1［暴］小松
▽試合時間1時間50分

投手	回	打	安	失
今野	8	25	1	0
三沢	1	5	2	0
小松	6	27	5	3
下島	3	15	4	3

再戦は佐久長聖が制す

2回戦　7/7　上田県営球場

佐久長聖 10—0 飯　山

飯　山	0	0	0	0	0	0	0
佐久長聖	0	1	2	5	0	2X	10

六回コールドゲーム　(飯)酒井、田村、中村ー小林 (佐)出口、藤井ー江原 [本] 清水、良元(佐)

●飯山・酒井（先発し、3失点）「去年の先輩たちの借りを返したかった。思うような球は投げられたが、佐久長聖の打者の方が一枚上手だった」

佐久長聖は、昨夏の代替大会決勝以来となる飯山との再戦をコールドで制した。

二回に江原の適時打で1点を先制。三回、無死二塁で「流れを呼び込む1点が欲しかった」という清水の右越え本塁打で加点した。

四回は4本の長打を含む5安打で5点を追加。六回に4番良元が左翼芝生席に飛び込む2点本塁打を放ち、試合を決めた。主将の森本は「納得いく試合ができた。次も悔いなく終えられるように準備する」と話した。

飯　山			打	安	点
②		小林	3	0	0
⑤		松沢	2	0	0
③		荒井	2	1	0
⑦		高橋	2	0	0
⑧		清水	2	1	0
④		平林	2	0	0
⑨		青木	2	0	0
①		酒井	1	0	0
1		田村	0	0	0
1		中村	1	0	0
⑥		竹村	1	0	0
H	6	関	1	0	0

振球犠併残
4 0 0 1 1 19 2 0

佐久長聖			打	安	点
④		佐藤	2	0	0
⑧	9	奥玉	4	2	1
⑦		清水	4	3	3
⑤		良元	3	2	4
③		原	3	0	0
⑨		内海	3	1	0
8		滝沢	0	0	0
②		江原	3	2	1
⑥		森本	1	0	0
①		出口	0	0	0
H		大宅	1	1	1
1		藤井	0	0	0

振球犠併残
1 5 2 0 5 24 11 10

［三］良元［二］荒井、江原、大宅、奥玉、清水（佐）［盗］飯0佐3［失］飯0佐0
▽試合時間1時間18分

投手	回	打	安	失
酒井	2⅔	12	4	3
田村	1⅓	8	3	4
中村	2	11	4	3
出口	4	13	2	0
藤井	2	6	0	0

松本工		打	安	点
⑦3	岩垂	4	1	1
⑤	渡辺	3	1	2
⑨	常田	4	1	0
⑧	百瀬翔	2	1	0
⑥	那須野	2	1	1
①	百瀬圭	3	1	0
1	深沢	0	0	0
③	石井	2	0	0
H	村瀬	1	1	0
R	吉沢	0	0	0
7	野村知	0	0	0
④	宮田	3	1	0
②	坪田	4	3	2

振球犠併残
3 7 4 0 10 28 11 6

下伊那農		打	安	点
⑤	代田	4	0	0
④	岩下	2	1	0
⑦	北林	3	0	0
②	上松	2	0	0
⑧	大原	2	0	0
①	筒井	3	0	0
1	津賀	0	0	0
⑨	勝野	3	0	0
⑥	田中	1	0	0
③	折田	1	0	0
H	中谷	1	0	0

振球犠併残
9 7 0 0 8 22 1 0

[三]坪田、岩垂[盗]松8下0[失]松0下1[暴]百瀬圭3、筒井3
▽試合時間1時間56分

投手	回	打	安	失
百瀬圭	6	26	1	0
深沢	1	3	0	0
筒井	6	33	10	8
津賀	1	6	1	0

松本工つながる打線

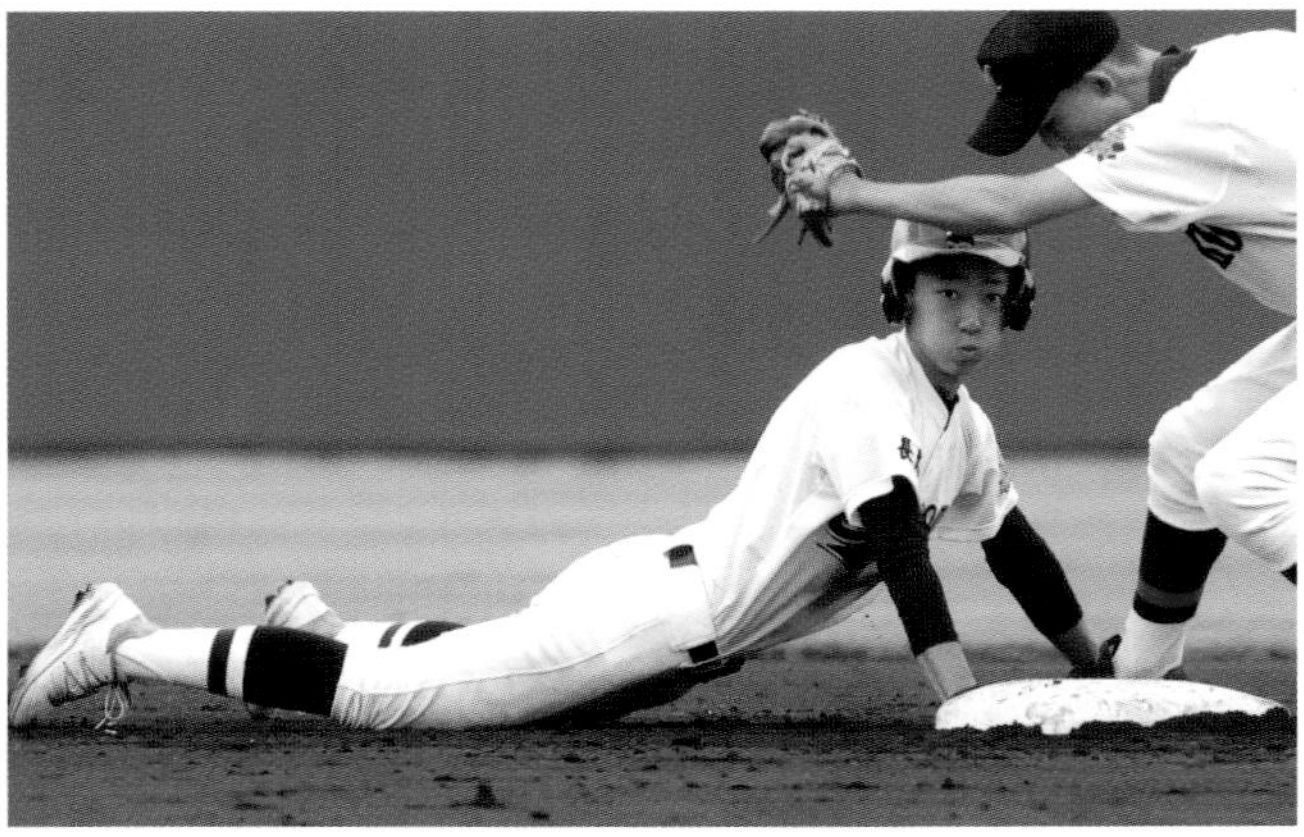

●下伊那農・岩下（五回にチーム唯一の安打）「意識してきた逆方向に低いライナーを打つことができた。今日で引退だと思うと寂しい」

2回戦 7/9 松本市野球場

松本工 8—0 下伊那農

								計
松本工	0	1	1	2	0	4	0	8
下伊那農	0	0	0	0	0	0	0	0

七回コールドゲーム
（松）百瀬圭、深沢－坪田（下）筒井、津賀－上松

3安打2打点と活躍した松本工の坪田は「うちは1、2番に自信がある打線。つなぐ意識だった」。9番打者としての役割に徹し、11安打8得点でコールド勝ちに持ち込んだ打線を支えた。

三回の第1打席は先頭で右越え三塁打。四回には2点適時打を放ち、六回の第3打席はセーフティーバントが相手守備のミスを誘って二塁まで進んだ。

三回は2番渡辺の適時打、六回は1番岩垂の適時三塁打で生還した。

丸子修学館		打	安	点
④	久田	2	0	0
⑥	富岡	3	0	0
H	小林	1	0	0
6	伊藤	0	0	0
⑤	加藤	4	2	0
⑧	塩田	4	1	0
⑦	永井	3	1	1
⑨	中村	4	0	0
③	久保田	1	0	0
H	中原	1	0	0
3	千野	2	0	0
②	今井	3	2	0
①	相場	0	0	0
1	平林	2	0	0

振球犠併残
8 3 3 0 8 30 6 1

須坂創成		打	安	点
⑥	内山	5	2	0
②	小林	5	4	2
③	中島	5	3	4
⑦	鈴木	3	0	0
⑧	上條	3	1	0
①	黒岩厚	4	2	0
④	太田	3	1	0
⑨	塚田	3	1	0
⑤	勝山	3	0	0

振球犠併残
6 3 2 0 9 34 14 6

[三]塩田、今井[二]小林（須）加藤、中島[盗]丸1須2[失]丸0須0
▽試合時間2時間4分

投手	回	打	安	失
相場	4	18	6	3
平林	4	21	8	3
黒岩厚	9	36	6	1

須坂創成　主将の一発

三回創成1死一、二塁、中島が右越えに3点本塁打を放つ

●丸子修学館・久田主将（無失策）「新チームになってから練習時間の大半を守備に割いてきた。敗れはしたが成長を見せられた」

2回戦 7/9 上田県営球場

須坂創成 6—1 丸子修学館

										計
丸子修学館	0	1	0	0	0	0	0	0	0	1
須坂創成	0	0	3	0	0	3	0	0	X	6

（丸）相場、平林－今井（須）黒岩厚－小林［本］中島（須）

「春先は当てにいって調子を崩した。どんな球が来てもフルスイングと決めていた」。0—1で迎えた三回1死一、二塁で須坂創成の中島主将は高めに浮いた球を強振し、逆転3点本塁打で劣勢を覆した。須坂創成はその後も主導権を渡さず、六回に中島がこの日3安打目となる左前適時打で勝負の大勢を決めた。

塚田監督は「打つべき選手が打って勢いに乗れた。1年かけて人間性も磨かれた」と殊勲の主将を評価。時には嫌われ役に回りつつ、冬場の厳しい練習では先頭に立って仲間の信頼を集めた。1失点完投した黒岩厚は「中島が打ってくれたからこそ力になった」。

長野工		打	安	点
⑦	矢口	3	2	4
⑥1	松本	2	1	3
⑨	間曽	1	0	2
1	中沢	0	0	0
H	高柳	2	0	0
6	北沢	0	0	0
③	福田	4	2	2
⑤	小山	4	3	4
②	田中	2	0	1
H2	佐藤	0	0	0
①	小出	1	0	1
H	井口	0	0	0
R	五味	0	0	0
H9	渋谷	3	0	0
⑧	宮尾	2	0	0
H	宮林	1	0	0
4	倉石	0	0	0
④	宮崎	0	0	1
8	村田	2	2	2

振球犠併残
3 24 1 0 4 27 10 20

野沢南		打	安	点
⑥	篠原	2	0	0
④	三石	2	0	0
②	米川	2	0	0
①91	山口	2	1	0
⑧18	瀬下	2	0	0
③	川井	2	0	0
⑤	毛利	1	0	0
⑦	井出	1	0	0
⑨89	丸山	1	0	0

振球犠併残
6 0 0 0 0 15 1 0

[三]小山、松本、福田[二]福田、小山2、村田、矢口[盗]長6野1[失]長0野8[暴]山口10、瀬下
▽試合時間1時間59分

投手	回	打	安	失
小出	2	6	1	0
中沢	1	3	0	0
松本	2	6	0	0
山口	1	10	0	6
瀬下	1 1/3	19	4	13
山口	2 2/3	23	6	14

長野工　全集中で33得点

野沢南ナイン、心は折れず

野沢南は、部員集めに苦労してようやくそろった9人のチームで挑んだ。試合は長野工に0—33と大敗したが、1、2年生中心のナインは心折れることなく5回まで戦い抜き「次はリベンジする」（山口凜大主将）と誓って球場を去った。

2回戦 7/8 上田県営球場

長野工 33—0 野沢南

						計
長野工	6	2	13	11	1	33
野沢南	0	0	0	0	0	0

五回コールドゲーム
（長）小出、中沢、松本－田中、佐藤（野）山口、瀬下、山口－米川

長野工は10安打を放った一方、四死球や敵失に乗じて33得点の大勝で、夏は2017年以来の初戦突破。小山主将は「一人一人が集中できていたので、この結果につながった」とうなずいた。

一回、四球で出塁した矢口と松本が重盗を成功させ、間曽の右犠飛で先制。その後も四球や敵失で無安打ながら6得点して流れをつかんだ。2安打4打点の矢口は「隙を突けた。次もやってきたことを出し切るだけ」と気を引き締めた。

松本深志		打	安	点
②	宮下	5	1	0
⑥	白橋	4	3	2
①7	山口	3	0	0
④	轟	4	1	0
⑤	榊原	4	2	1
⑨	小沢	4	2	2
⑧	金子	4	2	0
⑦	尾台	2	1	3
1 3	田畑	1	0	0
③	竹村	3	3	0
1	松田	0	0	0

振球犠併残
1 2 1 1 8 34 15 8

梓川		打	安	点
⑨	山中	3	1	0
⑥	丸山	3	0	0
②	竹田	3	0	0
⑦	中村	3	0	0
①3	山口	3	1	0
③1	神部	3	0	0
⑤	小林	3	0	0
④	鳥羽	2	1	0
⑧	中山	1	0	1

振球犠併残
4 1 0 1 3 24 3 1

【二】宮下、白橋【盗】深8梓0【失】深1梓3
▽試合時間1時間26分

投手	回	打	安	失
山口	5	19	3	1
田畑	1	3	0	0
松田	1	3	0	0
山口	3	19	11	6
神部	4	18	4	2

松本深志鮮やかに先制

一回松本深志２死二、三塁、小沢の中前打で三走に続き二走榊原が３点目の生還

●梓川・竹田主将「チーム全体を盛り上げ、うちらしい野球はできた。無失点の六、七回は投手に高めの球を投げさせてフライアウトを取れた」

2回戦　7/7　しんきん諏訪湖スタジアム

松本深志 8－1 梓川

松本深志	3	1	2	1	1	0	0	8
梓川	0	1	0	0	0	0	0	1

七回コールドゲーム
（深）山口、田畑、松田－宮下　（梓）山口、神部－竹田

松本深志は、試合開始のサイレンが鳴りやまないうちに先頭の宮下が右越え二塁打で出塁し、続く白橋がすかさず中前適時打。6球で1点を奪い、2年生の宮下は「いつも（開始直後に）白橋さんと2人で1点を取ることを目標にやっている」と思惑通りの展開に持ち込んだ。

さらに2死二、三塁とし、1年生の小沢が中前へ2点適時打。「流れが良く、それに乗せてもらおうと思った。一度空振りしたスライダーを狙った」と振り返った。

3校連合		打	安	点
⑦	矢島采	2	0	0
①3	笠原	3	1	0
⑧	瀬川	2	1	1
⑨	百瀬	2	1	1
②	大橋	2	2	0
④	新保	2	1	0
③1	上園	2	0	0
⑤	清水	2	1	0
⑥	小松敦	2	0	0

振球犠併残
7 2 0 0 4 19 7 2

松本国際		打	安	点
⑦	森本	1	1	0
R8	松尾	0	0	0
④	永原	2	2	1
⑤	藤井	3	2	2
③	中沢	3	1	2
1	谷本	0	0	0
⑧	原田	2	1	0
9	今枝	1	0	0
②	須沢	2	1	2
2	深井	0	0	0
⑨	板倉	2	2	0
7	元木	1	0	0
①	中川	2	0	0
1 3	中嶋	1	1	0
⑥	寺田	2	2	3

振球犠併残
2 3 1 1 2 22 13 10

【二】瀬川、森本、中沢、中嶋【盗】連0松7【失】連3松0【暴】笠原
▽試合時間1時間10分（中断2時間30分）

投手	回	打	安	失
笠原	2 1/3	19	12	11
上園	1 2/3	7	1	1
中川	3	14	6	2
中嶋	1	4	1	0
谷本	1	3	0	0

双子、10年支え合って　やりきった…漂う充実感

下諏訪向陽・岩波兄弟

下諏訪向陽は初戦に挑み、惜しくも敗れた。小学生の頃から10年間、ずっとチームメートだった双子の3年生岩波玲《れい》希《き》選手（17）と弟の舞《まい》希《き》選手（17）は試合後、「最後まで一緒にプレーできて良かった」と語り合った。

２人は茅野市永明小３年生の時、友人に誘われて野球を始めた。永明中でも共に野球部に入り、バッテリーを組んだ。そして高校でも一緒にプレーする道を選択。時に練習の方法を巡って意見が対立することもあったが、２人で毎日、自転車で40～50分かけて通学し、プレーでも苦しいときは励まし合ってきた。

舞希選手は先発投手として八回表まで１失点の好投。三塁手で、５月に右肘を剥離骨折した玲希選手はベンチから声援で選手を鼓舞し、１点を追う八回裏に代打に立ち、兄弟で出場を果たした。試合には敗れたが、２人はやりきった表情を見せた。

玲希選手は試合後、「野球を通じて舞希が頼れる存在になった」と兄弟で歩んだ10年を振り返った。舞希選手は「野球はチームプレーで、全員で共感できるいいスポーツ」と話した。

試合後に語り合う玲希選手（左）と舞希選手（右）

2回戦　7/9　しんきん諏訪湖スタジアム

松本国際 12－2 茅野・諏実・岡東

茅野・諏訪実・岡谷東	0	0	2	0	0	2
松本国際	2	1	8	0	1X	12

五回コールドゲーム
（連）笠原、上園－大橋　（松）中川、中嶋、谷本－須沢、深井

松本国際　課題見えた

●松本国際・中沢主将「バントが一発で決まらなかったり、走塁のミスが出たりして、練習でやってきたことが出せなかった」

●茅野・諏訪実・岡谷東連合・矢島采主将「三回に打線がつながり、ここからと思ったが…。同点にしていれば違う展開になったかも」

3校連合		打	安	点
③	石川	3	0	0
H	宮崎	1	0	0
3	相内	1	1	0
⑧	猪股	4	0	0
⑥	関祐	4	3	1
⑦	関颯	5	1	0
②	前田	4	1	0
④	岡部	3	0	0
①	吉田	3	0	0
⑨	関川	3	1	0
⑤	飯田	4	1	0

振球犠併残
8 4 1 0 11 35 8 1

下諏訪向陽		打	安	点
⑦	中原	3	0	0
④5	湯田坂	4	1	0
⑥	宇野	5	0	0
②	山田	4	0	0
⑧	石倉	3	0	0
③	有賀	3	1	0
H	岩波玲	1	0	0
4	青沼	0	0	0
⑤3	加藤	3	2	0
①	岩波舞	1	0	0
H	宮坂	1	0	0
1	征矢	0	0	0
⑨	酒井	1	1	0
H	西沢	1	1	0

振球犠併残
4 6 3 0 12 30 6 0

【三】加藤【二】有賀、相内【盗】連0下0【失】連0下2【暴】岩波舞【逸】山田
▽試合時間2時間3分

投手	回	打	安	失
吉田	9	39	6	0
岩波舞	8	33	7	1
征矢	1	7	1	1

2回戦　7/8　しんきん諏訪湖スタジアム

明科・豊科・穂商 2－0 下諏訪向陽

明科・豊科・穂高商	0	0	0	0	0	1	0	0	1	2
下諏訪向陽	0	0	0	0	0	0	0	0	0	0

（連）吉田－前田　（向）岩波舞、征矢－山田

3校連合が完封勝利

明科・豊科・穂高商連合の吉田（明科）が練習試合を通じても初という完封勝利を挙げた。

六回を除いて毎回走者を出し、うち4回は先頭の出塁を許す展開。それでも「6種類ある」という豊富な球種で相手打線を打ち取り、敵失と押し出し四球で得た2点を守りきった。

岡谷南		打	安	点
⑦8	古野	4	0	0
⑥	小口航	5	0	0
⑧	味沢	2	0	0
H7	林琉	2	0	0
1	高橋	0	0	0
①9	星野	5	2	0
③	山田	2	0	0
⑨7	林宏	2	0	0
⑤	佐藤	3	0	0
H5	伊東	1	1	0
④	花岡	2	0	1
②	矢島	1	0	1
H	徳永	1	1	2
2	小沢	1	0	0

振	球	犠	併	残				
8	8	1	0	9	31	4	4	

辰野・阿南		打	安	点
⑨	牧内	3	0	0
⑦	中谷	4	1	0
⑥	登内	4	1	0
①	小松	4	0	0
⑤	上垣	3	1	0
④	後藤	3	0	0
②	藤本	3	0	0
③	高木	2	0	0
H3	金田	1	0	0
⑧	小坂	3	1	0

振	球	犠	併	残				
6	1	0	0	4	30	4	0	

二 星野 盗 岡5連1 失 岡1連1 ▽試合時間1時間50分

投手	回	打	安	失
星野	6	22	2	0
高橋	3	9	2	0
小松	9	40	4	4

岡谷南　無失点が収穫

●辰野・阿南連合・小松（4安打4失点の粘投）「今までで一番いい内容で納得している。打たせて取る投球ができ、フォークで三振を奪えた」

2回戦　7/7　しんきん諏訪湖スタジアム

岡谷南 4－0 辰野・阿南

岡谷南	0	2	0	0	0	2	0	0	0	4
辰野・阿南	0	0	0	0	0	0	0	0	0	0

（高）星野、高橋－矢島、小沢（連）小松－藤本

岡谷南は四球を絡めて4点を挙げたものの、打線は4安打と湿りがち。「打撃を中心にやってきたが、そこまで信用していない。こういう展開も想定の範囲内だった」と春原監督。この日の収穫は投手陣が無失点に抑えたことだった。

先発の左腕星野は直球主体の投球。変化球にはある程度の手応えを持っており、「少し自信のない真っすぐの質を試してみたかった」という。「上ずった部分もあったが、球に力があった。それなりに良かった」と納得した。七回から登板した高橋も3回を3人ずつで打ち取った。

木曽青峰		打	安	点
⑥	古畑太	2	0	0
⑧	徳原	3	0	0
①	奈良	3	1	0
⑨	山本	2	1	0
③	塩原	3	0	0
②	野中	3	1	0
⑦	加藤	2	0	0
⑤	深沢	3	1	0
④	藤原	3	0	0

振	球	犠	併	残				
12	4	1	0	8	24	4	0	

松商学園		打	安	点
⑨	宮下	4	0	0
⑦	間中	2	1	0
⑧	織茂	4	4	2
③	斎藤	4	3	2
②	野田	4	3	2
④	金井	2	0	0
⑤	滝川	3	1	0
①	栗原	2	0	0
1	今井	0	0	0
⑥	吉水	2	1	1

振	球	犠	併	残				
3	3	2	0	7	27	13	7	

二 斎藤 盗 木0松3 失 木1松0 ▽試合時間1時間49分

投手	回	打	安	失
奈良	6	32	13	7
栗原	6	23	2	0
今井	1	6	2	0

松商2年生左腕が10K

●木曽青峰・古畑太（七回1死満塁の好機で三振）「ホームランを打ってやろうとフルスイングした。悔しいけれど楽しかった」

●松商学園・織茂（4安打2打点）「センターに低い打球を打つという意識を徹底した。後ろのいいバッターにつなごうという気持ちだった」

3回戦　7/10　松本市野球場

松商学園 7－0 木曽青峰

木曽青峰	0	0	0	0	0	0	0	0
松商学園	0	0	2	1	3	1	X	7

七回コールドゲーム
（木）奈良－野中（松）栗原、今井－野田

松商学園は2年生左腕の栗原が6回を投げて10三振を奪う好投。2度、回の先頭に四球を与えたことを反省しつつ、「体が開いて（上体が）突っ込むフォームを試合の中で修正できた」と今大会初登板を笑顔で振り返った。

2試合に登板した春の北信越大会では、10回2/3を投げて計16奪三振。自信を深め、この日は「狙われても打たれないボールを投げ抜く意識」と強気だった。背番号10は次の登板に向け、「無駄なボール球を減らしてピッチングをまとめたい」と気持ちを引き締めた。

諏訪清陵		打	安	点
⑦	高橋	4	1	0
③	宮阪	4	0	0
⑧	河西丈	4	0	0
⑤1	河西蒼	4	2	0
②	山内	1	0	0
⑨	増沢	2	0	0
①4	梨本	3	0	0
⑥	岩井	3	0	0
④5	守屋耕	2	0	0
H	守屋優	1	0	0
5	小松原	0	0	0

振	球	犠	併	残				
5	2	1	0	4	28	3	0	

松本第一		打	安	点
④	久保田	4	1	0
⑧	小山	4	2	0
⑤	浜島	3	3	0
⑨	遠藤	4	2	3
⑦	熊谷	3	1	2
⑥	佐々木	3	1	0
③	平林	3	1	0
②	茅野	4	0	0
①	細川	4	0	0

振	球	犠	併	残				
4	3	2	1	7	32	11	5	

盗 諏0松3 失 諏2松0 ボ 河西蒼 ▽試合時間1時間55分

投手	回	打	安	失
梨本	4	18	6	3
河西蒼	4	19	5	3
細川	9	31	3	0

五回第一1死二、三塁、遠藤の遊ゴロの間に三走久保田が4点目のホームイン

●諏訪清陵・梨本主将「相手投手の制球が良く、打撃力を発揮できなかった。（七回1死満塁の併殺打は）打たなければと力んでしまった」

松本第一　バント効果的

3回戦　7/11　松本市野球場

松本第一 6－0 諏訪清陵

諏訪清陵	0	0	0	0	0	0	0	0	0	0
松本第一	0	0	3	0	2	0	1	0	X	6

（諏）梨本、河西蒼－山内（松）細川－茅野

松本第一はバント安打3本を決めるなど、春から力を入れてきたバントが効果的だった。

三回1死一、三塁。4番遠藤は大会直前、田中監督から「（バントのサインを）出すぞ」と言われていた。「先制の場面だったので準備できていた」。二塁手の前へのセーフティースクイズが安打となり、敵失も絡んで2人の走者を迎えた。

五回無死一塁からは小山がバント安打。「試合映像で（相手の守備位置を）見て、狙えると思った」といい、追加点につなげた。

長野西　冷静に好救援

3回戦　7/12　長野オリンピックスタジアム

長野西 5－4 長野吉田

	1	2	3	4	5	6	7	8	9	計
長野西	1	1	1	0	0	1	0	0	1	5
長野吉田	3	0	0	1	0	0	0	0	0	4

（西）中沢、渡利－南畑　（吉）小林倭－五明

1点を勝ち越された四回、なお1死一、二塁のピンチで長野西の丸山監督は「これ以上取られると、しんどくなる」。ここでエース渡利をマウンドへ送り出した。

3年生右腕は「いつも通りやれば大丈夫」と冷静だった。直球で空振りを奪うと、捕手の南畑は「ストレートで押せば打ち取れる」と確信。2球目も外角直球を要求し、狙い通りに二ゴロ併殺を完成させた。

持ち味は打たせて取る投球。この日はカットボールなどでバットの芯を外し、六回以降は一人も走者を許さなかった。

最後の打者を三振に仕留め、ガッツポーズする長野西の渡利

●長野吉田・神田主将「投手が頑張り、野手も雰囲気良く戦えた。勝てなかった悔しさはあるけれど、楽しく野球ができた」

長野西		打	安	点
⑥	久保田	4	1	0
④	内山	4	1	0
⑦	小山	4	3	2
⑧	渋沢	4	1	0
⑤	山田	3	0	0
H5	滑原	1	0	0
③	宮尾	2	1	1
⑨	辻	4	2	0
②	南畑	3	0	0
①	中沢	2	0	0
1	渡利	1	0	1

振	球	犠	併	残	打	安	点
2	3	4	1	7	32	9	4

長野吉田		打	安	点
⑤	永田	3	0	0
④	仁科	4	0	0
②	五明	2	0	0
③	神田	3	1	0
⑦	太田	4	1	0
⑧	山口	4	0	0
①	小林倭	4	1	0
⑨	高嶋	2	0	0
H	奥村	1	0	0
⑥	寺島	4	2	1

振	球	犠	併	残	打	安	点
9	5	1	1	6	31	5	1

[二]小山、渋沢、小林倭、内山[盗]西2吉3[失]西1吉2[暴]中沢2、小林倭[逸]南畑2
▽試合時間2時間21分

投手	回	打	安	失
中沢	3⅓	19	4	4
渡利	5⅔	18	1	0
小林倭	9	39	9	5

上田西2年生4番の意地

3回戦　7/10　長野オリンピックスタジアム

上田西 9－2 上田千曲

	1	2	3	4	5	6	7	計
上田千曲	0	2	0	0	0	0	0	2
上田西	0	0	0	1	2	1	5X	9

七回コールドゲーム
（千）山岸、村松、西牧－山崎　（西）堀内、山口－石川、小川

2点を先行された上田西。しかし、四回から救援したエース山口の3者連続奪三振で重苦しい雰囲気が一変した。その流れを加速させたのが、2年生ながら4番を任される大藪。高めの直球に力がある上田千曲の右腕山岸に対し、「目線を下げた」。1死から右前打で反撃の口火を切ると、飛鳥井の内野安打に悪送球が絡んで三進。土岐の中犠飛で1点差に迫る生還を果たした。

五回2死満塁では右前に逆転の2点適時打を放ち、チームを重圧から解き放った。

五回上田西2死満塁、大藪が右前に逆転の2点適時打を放つ

●上田千曲・山岸「絶対に上田西に勝ちたかっただけに悔しい。序盤は直球で押していけたが、後半はコースが甘くなり打たれてしまった」

上田千曲		打	安	点
④	小林恵	3	0	0
⑥	野田	3	0	0
②	山崎	3	0	0
①3	山岸	3	1	0
⑦	小林相	3	1	1
⑧	鈴木	2	0	0
③	柳沢	2	0	0
3	尾和	0	0	0
1	村松	0	0	0
1	西牧	0	0	0
⑤	石原	2	1	1
⑨	松沢	2	0	0

振	球	犠	併	残	打	安	点
13	0	1	0	1	23	3	2

上田西		打	安	点
⑧	笹原	4	2	1
⑨	梅香	3	2	0
⑥	柳沢	3	1	0
⑦	大藪	3	2	2
⑤	飛鳥井	3	1	1
④	土岐	3	2	2
③	杉浦	3	1	1
R	上島	0	0	0
3	渡辺	1	0	0
②	石川	1	0	0
2	小川	1	1	0
①	堀内	0	0	0
H	一ノ瀬	1	0	0
1	山口	3	1	2

振	球	犠	併	残	打	安	点
3	4	4	0	8	29	13	9

[二]小林相、土岐[盗]千0西2[失]千1西0
▽試合時間1時間33分

投手	回	打	安	失
山岸	6⅓	33	11	7
村松	⅓	3	1	2
西牧	0/3	1	1	0
堀内	3	12	3	2
山口	4	12	0	0

上田染谷丘　好機逃さず

3回戦　7/10　上田県営球場

上田染谷丘 3－0 岩村田

	1	2	3	4	5	6	7	8	9	計
岩村田	0	0	0	0	0	0	0	0	0	0
上田染谷丘	0	0	0	0	2	1	0	0	X	3

（岩）有賀、井出勝、大井－関　（上）戸田、市河－中曽根

四回まで無安打に抑え込まれていた上田染谷丘は、最初のチャンスを逃さなかった。五回、連続四球とボークで無死二、三塁に。打席の戸田は「（相手投手が）ボークで動揺していると感じた。甘い球が来たら思い切り振る」と決めていた。3球目の直球をはじき返した打球は、前進守備を敷いていた三遊間を抜ける先制適時打になった。さらに四球で満塁とし、併殺の間に1点を加えた。

六回2死三塁から花岡の右前打で追加点を奪う一方、戸田と市河の継投で岩村田を零封した。

六回染谷丘2死三塁、花岡の右前打で三走滝沢静（右）が3点目の生還

●岩村田・関主将「チームの強みでもある走塁を相手捕手に封じられてしまい、流れに乗りきれなかった」

岩村田		打	安	点
⑥	鈴木	4	1	0
⑤	唐沢	2	1	0
②	関	4	0	0
①	有賀	2	0	0
1	井出勝	1	0	0
1	大井	0	0	0
H	荻原	1	1	0
R	林	0	0	0
⑧	遠藤	4	0	0
⑨	井出慎	3	1	0
③	油井	3	0	0
⑦	大工原	3	0	0
7	毛利	0	0	0
④	小中沢	2	1	0
H	竹井	1	0	0
4	菊原	0	0	0

振	球	犠	併	残	打	安	点
4	2	1	1	6	30	5	0

上田染谷丘		打	安	点
⑧	小林頌	4	0	0
⑦	滝沢静	3	1	0
④1	市河	3	0	0
⑤	鳴沢	4	0	0
⑨	花岡	2	1	1
③	荻原	2	0	0
①	戸田	2	1	1
H	高橋	1	1	0
4	西沢	0	0	0
②	中曽根	1	0	0
⑥	宮腰	3	0	0

振	球	犠	併	残	打	安	点
3	4	2	1	4	25	4	2

[盗]岩1染0[失]岩1染2[ボ]有賀
▽試合時間1時間58分

投手	回	打	安	失
有賀	4 0/3	17	1	2
井出勝	2⅔	10	3	1
大井	1⅓	4	0	0
戸田	7	26	4	0
市河	2	7	1	0

小諸商　打ち込み成果

3回戦　7/11　上田県営球場

小諸商 9－0 須　坂

須　坂	0	0	0	0	0	0	0	0
小諸商	1	0	4	0	4	0	X	9

七回コールドゲーム
(須)金丸、川内野、井上－下田　(小)渡辺、村瀬、関、青柳－大沢、臼田

●須坂・塚田主将「気を付けていた内野のエラーが出て、失点につながった。ロースコアの試合にしたかったけれど、打たれてしまった」

六回高遠1死二、三塁、白鳥が左越えに逆転の適時二塁打を放つ

2回戦を終えてから打撃練習に時間を割いてきたという小諸商は、好機で打線がつながり、7安打で9得点。勝負強さを見せたのが小林伸だ。

三回は2死一、二塁から右翼線に三塁打、五回無死二、三塁では中堅へ二塁打を放って2安打4打点。「逆方向を意識し、練習してきた。打ち込みの成果が出たと思う」と強調した。

4回戦は同じ東信地区で、第5シードの上田染谷丘とぶつかる。春の地区予選は3位決定戦で勝っているが、竹峰監督は「個の力は相手の方が上だと感じている。チームの総合力で戦う」と気を引き締めた。

須　坂		打	安	点
⑧	井　浦	3	0	0
⑥16	川内野	3	2	0
④	中　平	3	0	0
③	山　岸	3	1	0
②	下　田	3	0	0
⑦	塚　田	2	0	0
⑤65	藤　沢	2	0	0
⑨	小林大	2	0	0
①	金　丸	1	0	0
5	中　山	0	0	0
1	井　上	1	0	0

振球犠併残
7 0 0 1 2 23 3 0

小諸商		打	安	点
⑧	古　越	2	0	0
③	新　津	2	2	1
⑥	加　藤	4	1	0
⑨	黒　岩	2	0	1
⑦	米　山	3	2	2
1	青　柳	0	0	0
⑤	小林伸	3	2	4
④	清　住	2	0	0
②	大　沢	3	0	0
2	臼　田	0	0	0
①	渡　辺	0	0	0
H	小林虎	1	0	0
1	村　瀬	1	0	0
17	関	0	0	0

振球犠併残
0 7 1 1 4 23 7 8

三新津、小林伸二米山、小林伸盗須0小2失須2小1逸臼田
▽試合時間1時間36分

投　手	回	打	安	失
金　丸	2⅔	15	4	5
川内野	1⅓	9	3	4
井　上	2	7	0	0
渡　辺	3	9	2	0
村　瀬	2	7	1	0
関	1	3	0	0
青　柳	1	4	0	0

つなぐ高遠　六回大量点

3回戦　7/10　しんきん諏訪湖スタジアム

高　遠 8－1 田　川

高　遠	0	0	0	0	0	6	0	1	1	8
田　川	0	0	1	0	0	0	0	0	0	1

(高)城倉、柳原、登内－阿部　(田)降籏、粟津原－塩原

●田川・塩原（三回1死一、三塁で先制の左犠飛）「とりあえず先制点を取りたかったので、外野フライでいいと思って狙って打った」

三～五回に先頭が出塁しながら無得点だった高遠。再び先頭が塁に出た六回。4番小池の送りバントで1死二、三塁とし、白鳥の2点二塁打で逆転した。さらに各選手がバットの長さやタイミングの取り方を変えながら打線をつなげ、計6点で主導権を完全に握った。

4、5点目の2点二塁打を放った主将の井沢伶は「フライになっていた高めのストレートを振らないなど、相手が嫌がることをして崩しにいった」と振り返った。

高　遠		打	安	点
②	阿　部	5	1	1
⑤75	井　上	4	2	1
④	湯　田	3	1	0
⑥	小　池	3	0	0
③	白　鳥	4	1	2
⑦17	柳　原	3	0	0
⑧	小松快	4	1	1
①	城　倉	1	1	0
R	三　沢	0	0	0
5	友　野	1	0	0
1	登　内	1	0	0
⑨	井沢伶	5	3	2

振球犠併残
6 11 2 1 1 23 4 10 7

田　川		打	安	点
⑥	桑　原	3	2	0
④1	粟津原	3	1	0
②	塩　原	3	0	1
①5	降　籏	3	1	0
③	北　原	3	0	0
⑧	吉　沢	3	0	0
⑦9	柴　田	3	0	0
⑨	吉　江	2	0	0
H	神　山	1	0	0
7	小　林	1	0	0
⑤4	片　桐	3	0	0

振球犠併残
6 5 3 1 8 28 4 1

二桑原、白鳥、井沢伶、井上盗遠2田1失遠1田1逸塩原
▽試合時間2時間22分

投　手	回	打	安	失
城　倉	2	8	0	0
柳　原	3	13	3	1
登　内	4	15	1	0
降　籏	6	31	8	6
粟津原	3	16	2	2

飯田O長姫さえる直球

3回戦　7/11　しんきん諏訪湖スタジアム

飯田O長姫 5－2 蟻ケ崎

蟻ケ崎	0	0	0	2	0	0	0	0	0	2
飯田O長姫	0	0	1	0	3	0	0	1	X	5

(蟻)丸山望－有田　(O)松下－熊谷

●松本蟻ケ崎・有田主将「相手投手の特長だったストレートを狙った。後半は変化球の割合が増え、尻上がりに良くなって打てなかった」

飯田OIDE長姫のエース松下が四回以外は安打を許さず、4安打2失点、11奪三振で完投。飯田との2回戦では中盤以降に打たれて6失点したが、この日は終盤も球威が衰えなかった。「コントロールがまとまり、球速も出ていた」と納得した。

持ち味は最速143キロという直球の制球力。三回までは完璧な内容。4連打などで2点を失った四回は「先制したことで甘えが出たと思う」と反省したが、その後はギアを入れ替えた。

蟻ケ崎		打	安	点
⑧	米　山	4	1	0
②	有　田	2	1	0
⑥	小　口	4	1	0
⑤	青　木	4	1	1
①	丸山望	4	0	0
③	内　沢	4	0	1
④	菅　谷	4	0	0
⑨	丸山開	3	0	0
⑦	吉　村	3	0	0

振球犠併残
11 2 0 1 5 32 4 2

長　姫		打	安	点
⑥	市　瀬	4	2	0
④	大　島	3	0	0
②	熊　谷	5	1	1
⑨	鋤　柄	5	2	2
⑤	田　巻	3	1	1
①	松　下	2	0	1
⑧	日　野	2	2	0
⑦	相　原	2	0	0
③	榑　沼	4	1	0

振球犠併残
1 6 4 0 11 30 9 5

三鋤柄、熊谷二鋤柄、田巻盗蟻0長3失蟻2長1暴丸山望
▽試合時間1時間53分（中断1時間25分）

投　手	回	打	安	失
丸山望	8	40	9	5
松　下	9	34	4	2

長野日大　機動力で逆転

3回戦　7/10　長野オリンピックスタジアム

長野日大 7－4 岡谷工

	1	2	3	4	5	6	7	8	9	計
長野日大	0	0	1	5	0	0	0	1	0	7
岡谷工	2	0	0	0	0	0	0	0	2	4

（長）中島、白根－東海林　（岡）山田、高見－横内

一回、長野日大はまずい守備から2失点し、文字通り試合序盤につまずいた。頼ったのは、春の県大会3位の原動力となった機動力。11盗塁で岡谷工バッテリーに重圧を掛け、流れを呼び込んだ。象徴的だったのが1点を追う四回。右前打で出塁した青木翔がすかさず二塁を陥れ、続く二本松の中前打で本塁にかえった。その後の1死一、三塁から暴投で勝ち越すと、さらに四球と盗塁で二、三塁として塚田が2点適時打。その塚田も三盗を決め、平林の犠飛で生還した。

●**岡谷工・深町**（4安打の1年生）「自信になった試合。3年生と一緒に野球ができて良かった。この経験を忘れずに練習を頑張りたい」

四回日大無死一塁、青木翔（右）が二盗を決め、好機を広げる

	長野日大	打	安	点
⑨	平林	3	2	1
⑧	丸山	1	0	0
8	青木悠	3	1	1
⑦	三ツ井	3	0	0
7	山口雄	1	0	0
H	半藤	0	0	0
7 1	白根	0	0	0
⑥	青木翔	4	2	0
③	二本松	2	1	1
H 3	西沢	2	1	0
① 7	中島	4	0	0
④	田貝	4	2	1
②	東海林	3	1	0
⑤	塚田	4	1	2

振	球	犠	併	残	打	安	点
2	5	2	1	7	34	11	6

	岡谷工	打	安	点
⑦	三谷	5	2	2
⑤	小林	5	0	0
⑥	宮嶋	4	1	2
⑧	五味	5	1	0
③	稲生	5	2	0
⑨	瀬川	4	1	0
①	山田	3	0	0
1	高見	0	0	0
②	横内	4	0	0
④	深町	4	4	0

振	球	犠	併	残	打	安	点
8	2	0	1	10	39	11	4

〔三〕三谷、平林〔二〕三谷〔盗〕長11岡1〔失〕長3岡1〔暴〕山田
▽試合時間2時間16分

投手	回	打	安	失
中島	8⅔	37	11	4
白根	1	4	0	0
山田	7	31	8	6
高見	2	10	3	1

投げ抜いた佐久平総合

3回戦　7/11　長野オリンピックスタジアム

佐久平総合 6－2 野沢北

	1	2	3	4	5	6	7	8	9	計
佐久平総合	1	0	0	0	0	4	0	1	0	6
野沢北	0	0	1	0	0	0	0	0	1	2

（佐）小林－土屋真　（野）宮下、高見沢、笹沢－駒村
［本］中島（佐）

佐久平総合技術の川島監督は「驚くプレーがたくさん出た。中島の先頭打者ホームラン、中島や土屋実のファインプレー…。何と言っても、一番は小林蓮」と語り、9回を投げ抜いたエースをたたえた。

一回を除き、毎回得点圏に走者を背負う苦しい展開。それでも166センチの左腕は「打者が点を取ってくれたので流れに乗れた。テンポ良く投げられた」。七回は安打と連続四球で1死満塁のピンチを招き、八回には味方のエラーなどで1死一、三塁とされたが、緩急を駆使しながら要所を抑えた。

野沢北打線を2点に抑え、声を上げる佐久平総合の小林

●**野沢北・宮下**（3試合連続で先発）「流れを渡さないよう最初から飛ばしたが、初球を打たれ、相手に流れがいってしまった」

	佐久平総合	打	安	点
⑧	中島	4	2	1
⑥	高見沢	4	1	0
⑤	菊池	5	2	1
③	土田	4	1	2
⑦	両川	3	1	0
④	吉沢	4	2	1
⑨	土屋実	4	0	0
②	土屋真	3	1	0
①	小林	3	0	0

振	球	犠	併	残	打	安	点
8	4	2	1	7	34	10	5

	野沢北	打	安	点
⑦	堤	3	1	0
⑥	山田	4	1	0
④ 54	川上	4	2	1
③	南沢	4	0	0
① 9	宮下	5	2	1
⑧	磯貝	2	0	0
1	高見沢	0	0	0
H	土屋裕	1	0	0
1	笹沢	0	0	0
H	新井	1	0	0
⑤	土屋康	1	0	0
H	角田	1	0	0
4	菊池	0	0	0
H	黒岩	1	0	0
4	工藤	0	0	0
H 5	菊原	1	1	0
②	駒村	4	1	0
⑨ 8	堀込	4	2	0

振	球	犠	併	残	打	安	点
5	3	3	0	13	36	10	2

〔二〕土屋真、中島、土田、菊池〔盗〕佐2野0〔失〕佐4野1〔暴〕小林
▽試合時間2時間19分

投手	回	打	安	失
小林	9	42	10	2
宮下	7⅓	34	9	6
高見沢	⅔	2	0	0
笹沢	1	4	1	0

ウェルネスエース打つ

3回戦　7/11　松本市野球場

ウェルネス 10－3 松本工

	1	2	3	4	5	6	7	8	計
松本工	0	0	0	0	0	0	2	1	3
ウェルネス	0	0	0	4	0	3	0	3X	10

八回コールドゲーム
（松）百瀬圭、深沢、百瀬圭－坪田　（ウ）広瀬－山上

日本ウェルネス長野はエース広瀬が8回10奪三振3失点と好投し、打っては先制打を含む2安打1打点。投打でチームを引っ張った。

直球とスライダーのコンビネーションで的を絞らせなかった。四回に3奪三振で流れに乗り、その裏の1死一、二塁で「自分を楽にしたかったので強気にいった」と右前打で1点を先制した。六回もマウンドで3連続三振を奪い、先頭打者として迎えた直後の攻撃で3得点の口火となる左前打を放った。

勝利の立役者となったが、広瀬は「気持ちの切り替えがうまくいかなかった」と終盤の失点を反省した。

●**松本工・百瀬圭**「（7四死球だった）2回戦の反省を踏まえてフォームを修正したが、三回から制球が乱れた。四回は甘い球を痛打された」

	松本工	打	安	点
⑦ 3	岩垂	4	0	0
⑤	渡辺	4	2	0
⑨	常田	4	0	0
⑧	百瀬翔	4	0	0
⑥	那須野	2	0	0
① 71	百瀬圭	3	1	1
③	石井	3	1	1
1	深沢	0	0	0
7	本林	0	0	0
④	宮田	3	1	0
②	坪田	3	1	0

振	球	犠	併	残	打	安	点
10	0	1	1	4	30	6	2

	ウェルネス	打	安	点
⑥	浅沼	5	2	2
⑦	田場	2	0	0
H 9	原	0	0	0
②	山上	4	1	1
③	鈴木	4	1	0
①	広瀬	4	2	1
⑤	杉浦	4	1	1
⑧	田中	0	0	0
⑨	荻原	1	0	0
7	西沢	0	0	0
H 7	中山	1	1	0
④	青木	2	2	3

振	球	犠	併	残	打	安	点
6	10	2	0	8	27	10	8

〔三〕百瀬圭〔二〕青木、浅沼、中山〔盗〕松1ウ6〔失〕松0ウ2〔暴〕百瀬圭、深沢2
▽試合時間1時間55分

投手	回	打	安	失
百瀬圭	6	30	5	7
深沢	1	7	4	3
百瀬圭	⅔	2	1	0
広瀬	8	31	6	3

都市大塩尻　守備を修正

3回戦　7/10　松本市野球場

都市大塩尻 7－0 飯田風越

	1	2	3	4	5	6	7	計
飯田風越	0	0	0	0	0	0	0	0
都市大塩尻	5	1	0	1	0	0	X	7

七回コールドゲーム
(飯)寺沢－近藤　(都)三沢、西塚－松田

都市大塩尻は鍛え抜いた守備力が持ち味だが、この日は序盤に内野手が2失策。それでも、ミスを引きずって悪い流れにはせず、試合が進むにつれて軽快な動きや好守を取り戻した。併殺を焦った送球ミスで1死三塁のピンチを招いた三回以外は二塁を踏ませず、捕手の松田主将は「慌てることなく自信を持ってプレーできた。勝って課題を反省できることは大切」と前向きに話した。長島監督は「ピッチャーが打ち取った打球はしっかりアウトにしてほしい」と注文を付けた。

●飯田風越・宮下主将「緊張や連戦の疲れもあったけれど、持っている力は出し切れた。後輩たちには今年以上のチームをつくってほしい」

飯田風越		打	安	点
⑧	宮下	3	0	0
④	西村	3	0	0
⑥	木村	3	0	0
⑦	岩下	3	0	0
②	近藤	3	0	0
⑨	池田	2	0	0
⑤	渋谷	2	0	0
①	寺沢	2	1	0
③	青嶋	2	1	0

振球犠併残
5 0 0 1 2　23 2 0

都市大塩尻		打	安	点
④7	吉井	4	0	0
⑧	渡辺	4	3	0
⑥	佐野	3	2	0
⑨	内山	2	0	1
⑤	米本	3	2	2
②	松田	3	1	0
⑦	武井	3	1	0
1	西塚	0	0	0
③	炭田	2	0	0
①	三沢	2	1	2
4	清水	1	0	0
4	米山	0	0	0

振球犠併残
1 2 1 0 5　27 10 5

[二]佐野[盗]飯0都7[失]飯2都2▽試合時間1時間28分

投手	回	打	安	失
寺沢	6	30	10	7
三沢	5	17	1	0
西塚	2	6	1	0

九回松本国際2死満塁、原田が右越えに走者一掃の逆転サヨナラ二塁打を放つ（捕手宮下）

松本国際逆転サヨナラ

3回戦　7/11　しんきん諏訪湖スタジアム

松本国際 7－6 松本深志

	1	2	3	4	5	6	7	8	9	計
松本深志	0	0	0	0	0	0	2	4	0	6
松本国際	1	0	0	0	0	3	0	0	3X	7

(深)山口、松田、田畑、金子－宮下　(国)林、谷本、中川－深井

七、八回に計6点を失って逆転を許した松本国際。試合の流れは完全に松本深志へと傾き、2点差をつけられて迎えた九回裏だった。

1死から死球で出塁し、2死後に永原と中川が打線をつなぐ。満塁で打席に入った原田は「おまえが一番打てると言われ、皆の思いを背負って打席に立った」。高めの球を思い切り振り抜くと、前進気味に守っていた外野手の頭上を越す逆転サヨナラ打で劇的な幕切れとなった。

●松本深志・白橋主将「正直言って6、7割方は勝てたと思ったが…。最後は1年生投手を先輩として支えてやるのが自分の仕事だったのに」

松本深志		打	安	点
②	宮下	5	1	0
⑥	白橋	4	1	1
①7	山口	5	0	0
④	轟	2	0	0
⑤	榊原	3	2	2
⑨	小沢	3	0	2
⑧1	金子	4	1	1
③	竹村	4	0	0
⑦	宮原	1	0	0
1	松田	1	1	0
1	田畑	0	0	0
H	薄井	0	0	0
R8	菱沼	0	0	0

振球犠併残
6 6 1 0 7　32 6 6

松本国際		打	安	点
⑦	森本	5	1	0
④	永原	4	1	0
⑤	藤井	4	1	1
1	谷本	0	0	0
1	中川	1	1	0
⑧	原田	4	2	3
⑨	板倉	3	0	0
3	中沢	1	0	0
③	中嶋	2	1	1
R9	松尾	0	0	0
H9	須沢	1	0	0
①5	林	3	1	0
5	本多	0	0	0
②	深井	3	1	1
⑥	寺田	2	0	0

振球犠併残
2 4 3 1 7　33 9 6

[二]森本、榊原2、松田、原田[盗]深0国0[失]深1国4[暴]山口、林▽妨害出塁　榊原（深井）▽試合時間2時間19分

投手	回	打	安	失
山口	4	17	3	1
松田	1 2/3	10	3	3
田畑	1 1/3	4	0	0
金子	1 2/3	9	3	3
林	7 2/3	34	6	6
谷本	2/3	4	0	0
中川	2/3	2	0	0

直球狙い長野工10得点

3回戦　7/12　上田県営球場

長野工 10－4 須坂創成

	1	2	3	4	5	6	7	8	9	計
長野工	0	0	1	4	0	1	0	4	0	10
須坂創成	0	0	0	1	0	0	0	3	0	4

(長)小出、小山、松本、小山－田中　(須)上條、黒岩厚－小林
[本]間曽(長)

33点を挙げた2回戦に続き、13安打10得点。長野工は好調な打線の力で4年ぶりに4回戦進出を決めた。

11日は0－0の四回途中に雷の影響でノーゲームに。その試合は須坂創成の右腕上條に対し狙い球を絞りきれないまま1安打に抑えられ、「変化球を頭に入れつつ、狙いは直球」（小山主将）と対策を練り直した。

三回、前日に唯一の安打を放った松本の「外角中心の配球だったので、逆方向を意識した」という中前打から無死満塁とし、小山の犠飛で先制。続く四回に長短4安打などで4得点し、六回は間曽がソロ本塁打で貴重な追加点を挙げた。

昨夏の代替大会を制した佐久長聖が4回戦の相手。小山は「『1年後に佐久長聖に勝つ』を目標にやってきた。次も一球一球に集中する」と気持ちを高ぶらせた。

●須坂創成・塚田監督「前半しのいで後半勝負の展開を描いたが、うまくいかなかった。見極めたかった外の変化球に手を出してしまった」

●須坂創成・中島（八回に適時二塁打）「外角を厳しく攻められたが、思い切って踏み込んだ。後輩には猛練習で自分たちの成績を超えてほしい」

長野工		打	安	点
⑦575	矢口	5	1	1
⑥1	松本	4	3	2
7	五味	0	0	0
⑨	間曽	5	4	3
③	福田	1	0	0
⑤151	小山	3	1	4
②	田中	5	1	0
①	小出	2	0	0
H	渋谷	1	1	0
8	宮尾	1	0	0
H	佐藤	1	0	0
6	北沢	0	0	0
⑧78	村田	5	1	0
④	宮崎	3	1	0

振球犠併残
8 7 3 0 9　36 13 10

須坂創成		打	安	点
⑥	内山	5	0	0
②	小林	5	2	0
③	中島	2	2	1
⑧7	鈴木	5	2	1
①8	上條	5	2	1
⑨1	黒岩厚	4	1	0
④	太田	4	0	0
⑦	黒岩紘	1	0	0
9	塚田	2	0	0
⑤	勝山	4	1	1

振球犠併残
5 4 0 1 10　37 10 4

[二]間曽3、小山、矢口、中島、鈴木[盗]長4須2[失]長2須1[逸]田中[ボ]黒岩厚▽試合時間2時間36分

投手	回	打	安	失
小出	4	16	3	1
小山	3	12	1	0
松本	1	9	5	3
小山	1	4	1	0
上條	3 2/3	23	6	5
黒岩厚	5 1/3	23	7	5

佐久長聖序盤に得点

3回戦　7/10　上田県営球場

佐久長聖 12－0 中野西

	1	2	3	4	5	計
佐久長聖	5	4	3	0	0	12
中野西	0	0	0	0	0	0

五回コールドゲーム　(佐)井出、藤岡、藤井－江原、倉沢、寺川　(中)青木、東谷裕、三ツ井－伊東

2試合連続コールド勝ちの佐久長聖は、四球や失策で得た好機を得点につなげ、序盤で大勢を決めた。藤原監督は「球をしっかり見極め、走塁も良かった」と評価した。

「塁に出て、チームを勢いづけることが自分の仕事」という1番佐藤は、4四球を選んで3得点。主将の森本は「自分たちは力がない。1点ずつ取りにいこうとした結果」とうなずいた。三回以降に8人が交代出場。2回戦でも12人を起用し、登録20人全員が出場を果たした。

●中野西・大田（２安打の４番）「ひと泡吹かせたいという思いで臨んだ。甘い球を逃さなかったことが結果につながった」

佐久長聖		打	安	点
④8	佐藤	0	0	0
⑧	奥玉	1	1	0
H89	杉山	2	1	0
⑨	清水	2	2	4
H2	倉沢	0	0	0
⑤	良元	3	0	1
③	原	3	1	2
⑦2	寺川	3	1	1
H7	滝沢	1	0	0
②	江原	1	0	0
H6	朝田	1	0	0
⑥	森本	2	1	2
H4	大山	1	1	0
①	井出	1	0	0
H	寺尾	1	0	0
1	藤岡	1	0	0
1	藤井	0	0	0

振	球	犠	併	残			
2	8	2	1	6	23	8	10

中野西		打	安	点
⑧	加藤	2	0	0
⑥	東谷涼	2	0	0
⑨1	三ツ井	2	0	0
③	大田	2	2	0
①7	青木	2	0	0
⑤	永井	1	0	0
5	山田	0	0	0
H	湯本	1	0	0
⑦	松村	0	0	0
19	東谷裕	2	0	0
②	伊東	1	0	0
④	上村	2	0	0

振	球	犠	併	残			
6	1	0	0	3	17	2	0

三清水 二森本、杉山 盗佐2中0 失佐1中3 暴青木、東谷裕、三ツ井2
▽試合時間1時間21分

投手	回	打	安	失
井出	2	7	1	0
藤岡	2	7	1	0
藤井	1	4	0	0
青木	⅔	8	3	5
東谷裕	1⅓	9	2	4
三ツ井	3	16	3	3

13安打の岡谷南　打撃戻る

3回戦　7/10　しんきん諏訪湖スタジアム

岡谷南 13－3 明科・豊科・穂商

	1	2	3	4	5	計
岡谷南	2	7	4	0	0	13
明科・豊科・穂高商	2	1	0	0	0	3

五回コールドゲーム
(岡)高橋、江村、増沢－味沢　(連)吉田－前田

2回戦で4安打と振るわなかった岡谷南打線が、本来の打撃を取り戻した。四回までに13安打し、うち8本が長打。

試合開始直後の1球目を左前に運び、二回には勝ち越しの2点三塁打を放った古野は「初戦は緊張で振れていなかったので、2日間の練習でしっかり振り込んできた」。この日は3安打3打点。2回戦で完封した相手投手を打ち崩し、「理想的な打撃ができた。前回が最悪だったので、ここから上げていきたい」と意気込んだ。

●明科・豊科・穂高商連合・前田（一回に2点二塁打を放った捕手）「初回は自分の配球ミスで失点したので、自分で取り返したかった」

岡谷南		打	安	点
⑧	古野	4	3	3
⑥	小口航	3	2	2
②	味沢	3	1	0
⑨	星野	4	2	2
③	山田	4	0	0
⑦	徳永	2	1	1
7	林宏	0	0	0
⑤	伊東	2	1	3
5	佐藤	0	0	0
④	増田	2	1	0
4	花岡	0	0	0
①	高橋	2	2	0
1	江村	1	0	0
1	増沢	0	0	0

振	球	犠	併	残			
1	4	1	0	4	27	13	11

3校連合		打	安	点
⑨	関川	2	0	0
⑧	猪股	3	0	0
⑥	関祐	2	0	0
⑦	関颯	1	0	0
②	前田	2	1	2
④	岡部	2	0	0
①	吉田	1	0	0
③	相内	1	0	0
⑤	飯田	0	0	0

振	球	犠	併	残			
4	3	4	1	3	14	1	2

三星野、古野 二前田、星野、伊東、高橋、小口航、徳永、増田 盗岡4連0 失岡2連2 暴吉田2
▽試合時間1時間21分

投手	回	打	安	失
高橋	2	11	1	3
江村	2	6	0	0
増沢	1	4	0	0
吉田	5	32	13	13

野球部だけ学ラン⁉　文武両道象徴か　同調圧力懸念も

長野県は制服がない県立高校が多いが、野球部員だけ学ラン（学生服）を着ているところがある―。取材してみると、周囲の生徒が私服で過ごす中で野球部員は学ランを着用している高校が、確かに複数あった。なぜ、わざわざ学ランを着るのか―。

学ランは詰め襟の学生服の俗称で、洋装が珍しかった明治初期、西洋を象徴するオランダを語源に呼ばれるようになったとの説がある。

部活動の歴史に詳しい早稲田大の中澤篤史准教授（スポーツ社会学）は、野球部員が学ランを着ることは「野球をしながら勉学にも励む『文武両道』を象徴する意図があるのかもしれない」とみる。「商業性のあるプロ野球とは一線を画した、純粋なアマチュアリズムを表すものとして、学ランが根付いてきた歴史があるのではないか」と推測。学ラン着用をきっかけに、部活動の在り方や野球をする意味を自らに問い掛けてほしいと提案する。

専門学校「岡学園トータルデザインアカデミー」（長野市）ファッション科の渡辺洋平主任は「同調圧力があって学ランを着ているのであれば、決して好ましくない」と指摘。どんな服を着るか考えることは大人になっても難しく、「場所や時間、状況に応じて服を選ぶことには、社会に出る前に習得する『学び』の要素がある」とも話している。

私服姿の生徒に交じって、学ランを着て下校する須坂高校の野球部員たち

佐久長聖が打撃戦制す

第143回秋季県大会は、佐久長聖（東信２位）が2018年春以来16度目の優勝を飾った。

上田西（東信１位）との決勝は、両校合わせて37安打の打撃戦。佐久長聖が６－６で迎えた七回、清水や江原の適時打など９長短打で10点を奪い、16－９で打ち勝った。

３位決定戦は東京都市大塩尻（中信１位）が５－４で松商学園（中信２位）に競り勝った。

▽決勝

佐久長聖	3	1	1	0	0	1	10	0	0	16
上田西	1	0	3	0	1	1	0	3	0	9

（長聖）出口、藤岡、井出—江原
（上西）堀内、片平、高梨、松村、山口—小川、石川
［二］良元、佐藤、江原２（長）笹原、杉浦、梅香、土岐（上）

佐久長聖—上田西　七回佐久長聖無死満塁、外された球に森本が飛び付いてスクイズを決め７−６と勝ち越す

上田西、甲子園で大熱戦

延長12回　広島新庄に惜敗

秋季北信越大会で準優勝した上田西は第93回選抜大会に初出場。2015年夏以来の甲子園勝利を目指したが、延長十二回の熱戦の末、広島新庄に０－１で惜敗した。

山口は凡打の山を築き、四～十一回は二塁すら踏ませなかった。しかし、十二回２死一塁からサヨナラ打を浴びた。打線は、柳沢、笹原を中心に７度も得点圏に走者を進めたが、あと一本が遠かった。

▽１回戦

上田西	0	0	0	0	0	0	0	0	0	0	0	0	0
広島新庄	0	0	0	0	0	0	0	0	0	0	0	1x	1

（延長十二回）
（上西）山口—小川
（新庄）花田、秋山—北田
［二］藤牧（上）花田（新）

広島新庄—上田西　11回、広島新庄を三者凡退に仕留め、雄たけびを上げる上田西の山口

松商が13季ぶりのV

第144回春季県大会は松商学園（中信２位）が８－２で岡谷南（南信２位）に勝ち、2014年秋以来の優勝を果たした。

松商学園は一回に織茂の適時打などで勝ち越し、その後も着実に加点。栗原も二回以降は無失点の好投でリードを守った。

３位決定戦は長野日大（北信１位）が５－３で高遠（南信３位）に勝った。

▽決勝

岡谷南	2	0	0	0	0	0	0	0	0	2
松商学園	3	1	0	2	0	2	0	0	X	8

（岡南）星野、高橋—味沢
（松商）栗原—藤石
［三］味沢（岡）［二］忠地、織茂（松）

岡谷南—松商学園　四回岡谷南１死三塁、林宏の左飛で三走味沢（左）がホームを狙うも松商学園は堅守でタッチアウト（捕手藤石）

新型コロナ下の球児たち

夏の甲子園出場を懸けた全国高校野球選手権長野大会が７月３日、２年ぶりに開幕する。昨夏は新型コロナウイルスの影響で甲子園大会と長野大会が中止に。大きな目標を失いながらも県独自の代替大会で高校野球を締めくくった元球児たち、公式戦出場辞退や対外試合禁止などの試練を乗り越えながら大会に向けた準備を進める部員たちのいまを伝える。

信濃毎日新聞６月29日－７月１日付で全３回連載
文中一部敬称略　年齢は掲載時点

中止決定―代替大会開催から1年
特別な夏、経験生かして

日本高野連が夏の大会中止を決めた昨年5月、松商学園3年生だったBCリーグ信濃グランセローズの辻大輝(18)は「覚悟はしていたが、簡単には受け入れられなかった」と振り返る。

父の利行さん(47)は、同校が1991年選抜大会で準優勝した時の主将。父のように甲子園で活躍することを夢見てきただけに、喪失感は大きかった。代替大会開催が決まっても「甲子園につながらない大会に意味はあるのか」と感じ、前を向けなかった。

気持ちが変化したのは、3年生だけで出場が決まってから。仲間と練習に明け暮れ、「本当に楽しかった。大会に懸ける気持ちも強まった」。準々決勝で上田西に敗れたものの、打席に立ち続けるうちに「もっと上を目指したい。力を試してみたい」との思いが湧き上がった。NPB(セ、パ両リーグ)を目指し、BCリーグ挑戦を決めた。野球中心の充実した日々を過ごす辻は「代替大会があったからこそ今の自分がある」と語る。

●

長野の主将を務めた若林享矢さん(19)＝千曲市＝は、代替大会を経験して現役続行を決意。大学進学を目指して予備校に通いながら猛勉強に励む。新型コロナで活動が制限された分、大会で思い切りプレーできた感動はひとしおだった。4回戦まで勝ち上がり、「自分は野球が大好きなんだと思い知らされた」。自身の結果が振るわなかったこともあり、「納得いく形で野球人生を締めくくりたい」と、次のステージでプレーする姿を思い描いている。

小諸商で3年間を過ごした細谷慧さん(19)＝佐久市＝は、代替大会で初めて背番号を付けた。レギュラー

NPBを目指し、BCリーグの信濃グランセローズでプレーする辻大輝

上田信用金庫の職員として新たなスタートを切った細谷慧さん

にはなれなかったが、「苦しい時に声で助けてくれるムードメーカー」と期待した竹峰慎二監督(42)から背番号15を託された。仲間の「おめでとう」という祝福が何よりもうれしかった。上田信用金庫野沢支店(佐久市)に勤務する細谷さんは「ワンプレーごとに仲間と喜び合えた。あのメンバーで野球ができて幸せだった」。1年前の夏の経験が励みになっている。

●

「多くの発見があった」と振り返るのは、代替大会で優勝した佐久長聖の藤原弘介監督(46)だ。特例で選手登録を自由に変更できたため、ベンチ入りする3年生を試合ごとに入れ替えた。主力以外の活躍もあって頂点に立ち、「チャンスを与えながら才能を掘り起こす大事さに気付いた」。

飯山の関壱星主将(17)は、代替大会の決勝に2年生で唯一スタメン出場。佐久長聖に敗れて流した悔し涙が、この1年間の原動力だった。全力で優勝を目指した上級生の姿を見た一人として、「その悔しさを仲間に伝えてきた」。甲子園という目標は消えたが、かけがえのないひと夏を過ごした元高校球児たちの思いは後輩たちに引き継がれている。

対外試合できず、出場辞退経験も 悔しさを力に変え成長

「先が見えず、何よりも好きな野球を思い切りできない。苦しかった」。そう振り返るのは、長野高専の畔上太乙《ひろと》主将だ。新型コロナウイルス感染拡大の影響で、同校野球部は1年以上も大会出場どころか対外試合すらできなかった。

現在も練習時間に制限がある中、集中してティー打撃に取り組む長野高専の選手たち

約４００人の生徒が学校敷地内の寮で生活する同校は、感染防止のため、感染者数や感染警戒レベルに応じて部活動の練習時間や対外試合の可否を判断。中止になった全国高校野球選手権長野大会の代替大会が昨年7～8月に開かれたが、県内の感染状況などを踏まえ、同校野球部は出場を辞退せざるを得なかった。

昨秋の北信予選も出場を辞退。3年生の小池唯斗は「代替大会はインターネット中継を見るだけだった。悔しさを晴らしたくても、チャンスすらない。このまま引退することも覚悟した」と振り返る。

それでも退部者は一人も出なかった。思いとどまらせたのは、代替大会出場の可能性を信じて練習に打ち込んでいた現4年生たちの姿。3年生の遠山颯音《はやと》は「先輩たちの前で弱音は吐けなかった。自分たちは先輩たちの思いも背負っている」と自覚する。

代替大会の出場辞退が決まった後も、前主将の湯沢壮一郎(19)は「少しでも後輩の力になりたかった」とグラウンドに足を運んだ。この長野大会はベンチに入り、学生監督として指揮を執る。

２０１９年秋以来の公式戦だった今春の北信予選は、1回戦で須坂創成を相手に3－5の接戦を演じた。畔上主将は「成長を実感した。苦しい日々の中でやってきたことは無駄じゃなかった」。より良い結果を出そうと、夏に向けてモチベーションは高まっている。

●

岡谷南は、昨秋の南信予選の直前に出場を辞退した。3年生の星野光太は「心も技術も準備万端になった矢先だった。本気で選抜大会を狙っていただけにショックは大きかった」と明かす。

出場辞退を決めた直後のミーティング。悲嘆に暮れる選手たちに、就任したばかりの春原ケンジ監督(31)が訴えた。「ほかのチーム以上に悔しい思いをした。これを力に変えていこう」。夏の長野大会優勝—。選手たちの視線はその一点に向けられた。

「他より一足早く力を蓄えようと思った」（春原監督）と、例年は冬場に取り組む筋力トレーニングや打撃練習を11月に前倒した。手首はおろか、指の関節もけんしょう炎になる選手が出るほどバットを振り込んだ。その成果を発揮し、春季県大会は29年ぶりの決勝進出を果たし、準優勝した。

2年ぶりの夏の甲子園が懸かる大会が目前に迫り、高橋佳主将は「悔しさを忘れずに成長してきた。自分たちはどんな逆境でもはね返せる」。力強く言い切る姿に、試練を乗り越えた自信が表れていた。

ナイターなど工夫したが実戦不足 勝負は本番、仲間信じる

授業が終わった後、ナイターで行われた高遠—伊那北の練習試合

6月10日、日が暮れ始めた伊那市の伊那スタジアム。授業を終えた高遠と伊那北の選手たちが集まり、練習試合が始まった。両校とも気迫のこもったプレーを見せ、ベンチからは威勢の良い掛け声が飛び交った。途中で照明がともり、午後8時に試合終了。伊那北の井上雅也主将は「練習だけでは見えない課題が浮き彫りになった。ここから状態を上げていきたい」と汗を拭いながら話した。

3年生にとって、夏の大会は高校野球の集大成。1～2カ月前は各校とも最後の追い込み時期だ。しかし、新型コロナウイルス感染が拡大した上伊那5市町村は5月20日、感染状況を6段階で示す県独自の感染警戒レベルが「5」に引き上げられた。伊那市にある両校は、県教委が定めるガイドラインに基づき、約2週間にわたり対外試合ができなかった。

伊那北は昨秋の県大会に出場し、高遠は春の県大会で4強入りした。対外試合ができない期間は紅白戦を重ねたが、高遠の井沢伶央主将は「他校との真剣勝負で成長を確認することができず、もどかしかった」。伊那北の井上主将は「他の地域の学校に比べれば準備不足。不安がある」と明かす。

春に躍進し、「甲子園」を現実的な目標に掲げる高遠にとって大きな痛手だ。高重陽介監督（33）は「選手は本気で優勝を目指している。最大限の準備をしてあげるのが自分の役目」と、保護者の協力を得ながら球場や照明の使用料を捻出。警戒レベルが引き下げられたタイミングで平日のナイター練習試合を4試合組んだ。井沢主将は「今はほぼ不安はない」と話し、対外試合を重ねる中でチームは自信を取り戻している。

●

他の優勝候補も本来の準備ができていない。長野日大は3位となった春季県大会以降、校内の感染防止策として対外試合が禁止に。対外試合は1日しかできなかった。

実戦感覚を失わないよう、長野県営球場で何度も紅白戦を実施。審判員やアナウンサーを招き、公式戦さながらの雰囲気を整えた。しかし、継投や代打を試すには紅白戦では不十分で、松橋将之監督（40）は「選手の起用法に頭を悩ませている」。平林大輝主将は「ほぼぶっつけ本番となるが、仲間を信じたい」と語る。

春の選抜大会に出場した上田西は5月末から約2週間、対外試合はおろか、全体練習すらできなかった。大会前1カ月を切った中で足踏みする形となったが、吉崎琢朗監督（38）は「痛手だが、仕方ないこと」と腹をくくり、選手たちの力を信じることにした。

信州球児2021 夏

The Shinshu boys who play in the high school baseball tournament at Nagano

全77チーム　メンバー

信濃毎日新聞2021年６月30日付別刷り特集のうち、集合写真とメンバー表を転載します。表の◎は主将。かっこ内は投打。以下は氏名、学年、出身中学の順。監督の年齢は開幕日の７月３日現在。メンバー表のデータは各校への取材に基づいたもので、変更もあります。

岩村田

監督　柳沢　　仁(40)

投(右右)有賀　空翔③　浅間
◎捕(右左)関　　大楓③　東御東部
一(右右)油井　祐真③　佐久穂
二(右右)菊原　崇斗②　浅間
三(右右)唐沢　康介②　浅間
遊(右右)鈴木　翔太②　中込
左(右右)毛利　颯汰③　小海
中(右左)遠藤　和朋②　浅間
右(左左)井出　慎也②　野沢
(左右)井出　勝也②　小海
(右右)大井　陽路①　佐久長聖
(右右)井上　　陸②　中込
(右右)林　　直矢③　野沢
(右左)小中沢睦己①　佐久長聖
(右右)山浦　心瑠②　浅間
(右左)大工原光成②　佐久長聖
(右左)竹井　春葵①　佐久長聖
(右右)花岡　　凪③　立科
(右右)上田　悠人③　浅間
(右右)山崎　春樹①　佐久長聖

上田

監督　花岡　淳一(54)

投(右右)奥村　太一③　上田一
捕(右左)佐野　　匠②　上田二
一(右右)構　　翼斗③　御代田
二(右左)新海　結斗②　上田四
三(右右)米沢　康佑③　上田三
遊(右右)井出　匠弥③　篠ノ井東
◎左(右左)淀川　理久③　東御東部
中(右右)竹内真乃介③　上田一
右(右右)堀込　将哉③　浅間
(右左)長谷川瑛人③　浅間
(右左)新津　翔太②　小海
(右左)新海佑太郎③　上田六
(右右)小川　倖輝③　上田三
(右右)武井　優太③　浅間
(右右)青谷　知倖③　更埴西
(右右)町田廉太郎②　屋代
(右左)荒井　祐哉②　北御牧
(右右)小須田龍飛③　上田二
(右右)小林　優介①　浅間
(右右)中曽根幹也①　上田一

上田染谷丘

監督　中村　哲朗(52)

投(右右)戸田　秀太③　真田
◎捕(右右)中曽根熙也③　上田一
一(左左)荻原　和希③　東御東部
二(右右)市河　春斗②　塩田
三(右右)鳴沢　天③　北御牧
遊(右右)宮腰　泰心③　真田
左(左左)滝沢　静也③　上田一
中(右右)小林　頌②　丸子
右(右右)花岡　樹③　東御東部
(右左)滝沢　圭大③　北御牧
(右右)小野　樹生②　丸子北
(右右)坂口　知生③　真田
(右左)西沢　琉哉③　上田五
(右右)若林　晴③　上田一
(右左)小林　広大②　上田三
(右右)武井　雄大③　北御牧
(右右)唐沢　大河③　上田一
(右左)高橋　貫太③　東御東部
(右左)上坂琉稀愛②　上田三
(右右)林　夏輝②　塩田

上田千曲

監督　古屋　慎司(33)

投(右右)山岸　勇真③　東御東部
◎捕(右右)山崎誠一郎③　坂城
一(右右)宮入　義仁②　戸倉上山田
二(右右)小林　恵也②　東御東部
三(右右)石原　虹貴②　真田
遊(右左)野田　陽斗②　上田五
左(左左)松沢　光星②　上田六
中(左左)鈴木　駿斗②　上田六
右(右右)柳沢未菜人③　戸倉上山田
(右右)西牧　航平②　上田一
(右右)村松　翼②　上田六
(右右)尾和　龍也③　青木
(右右)米沢　翔③　埴生
(右左)小林　相太②　松代
(右右)小山　透和②　坂城
(右右)井沢慧士郎②　上田四
(右右)池内　正雄②　更埴西
(右右)土屋　翔②　東御東部
(右右)宮尾　友規①　坂城
(右左)小宮山翔太①　坂城

上田西

監督　吉崎　琢朗(38)

投(左左)山口　謙作③　神奈川泉
捕(右右)石川　智勝③　愛知一宮南部
一(右右)杉浦　琉生③　坂城
二(右右)土岐　琹太③　神奈川国府
三(右右)藤牧　虹凱③　佐久東
◎遊(右左)柳沢　樹③　丸子
左(右左)大藪　知隼②　丸子
中(右右)笹原　操希③　裾花
右(左左)梅香　拓海③　臼田
(右左)松村　龍我③　高陵
(右左)堀内　琢斗③　青木
(右右)飯田　尚良②　東京志村二
(左左)柳沢　一成②　上田四
(右右)飛鳥井　洸③　神奈川鶴巻
(右左)上島　永太③　辰野
(右右)小川　隼弥②　春富
(右左)花岡　瑠伊②　望月
(右右)片平　紫温③　丸子北
(右右)青木　明憲③　波田
(左左)井口　大瑛③　春富

上田東

監督　中村　成礼(45)

投(右右)小坂井春翔③　上田四
捕(右右)坂口　元太②　上田一
一(右右)岩佐　和航②　上田四
二(右右)小山　流輝③　真田
三(右右)水上孝太朗③　上田五
遊(右左)市川　裕大②　上田三
左(右右)長谷川琢真②　上田五
◎中(右右)滝川　汰一③　上田三
右(右右)依田　隆生③　北御牧
(左左)下田純之助②　東御東部
(右右)手塚　一玖②　上田四
(右右)松井　一真②　上田四
(左左)所　征吾①　東御東部
(右右)奥村　琉生①　埴生
(右両)別府　颯空①　東御東部
(右左)境　大雅①　坂城

小海

監督　清水　猛杉(28)

投(右右)黒沢　健星③　臼田
捕(右右)島崎　祐真③　小海
◎一(右左)新津　光燿③　川上
二(右右)山口弥寿人③　佐久穂
三(右右)小池　叶宇②　小海
遊(右右)小林　春輝②　臼田
左(右右)白川　惟央②　小海
中(右右)井出　彩斗③　川上
右(右右)渡辺　琉星②　浅間
(右右)清水　朝陽②　臼田
(右右)須藤　巧①　臼田
(左左)新海　遥士①　臼田

小諸

監督　丸山　雄三(27)

投(左左)荻原　玲於③　北御牧
◎捕(右右)遠藤　倖③　軽井沢
一(右右)竹花　治翔②　小諸東
二(右右)舟田　拓斗③　御代田
三(右右)篠原　大雅③　浅科
遊(右右)小林　龍矢②　芦原
左(右右)篠原　令磨②　芦原
中(右右)八嶋　夏海③　芦原
右(右右)高橋　駿③　小諸東
(右右)松涛　哲平②　浅科
(右右)小平　祥③　小諸東
(右右)丸山　大晴②　御代田
(左左)岡本　我空②　御代田
(右左)三井　友陽②　芦原
(右右)伊藤　由貴②　立科
(右右)高橋　陽翔③　東御東部
(右右)黒沢　陸斗③　北御牧
(右右)柳沢　大樹③　望月
(右右)小林　慈恩②　芦原
(右右)望月　樹③　浅科

小諸商

監督　竹峰　慎二(42)

投(右左)青柳　響生③　丸子北
捕(右右)大沢　広成③　芦原
一(右左)新津　直弥③　佐久穂
二(右右)清住　柚稀③　丸子北
三(右右)小林　伸伍③　上田六
遊(右右)加藤　哲心②　中込
左(右右)米山　　柊③　浅科
◎中(右左)古越　玲音③　御代田
右(右左)黒岩　　蓮③　諏訪西
(右右)関　航輔③　東御東部
(右左)渡辺　賢祐③　小諸東
(右左)由井　涼雅③　野沢
(右右)勝村　柊斗③　上田一
(右左)山口　作剛③　野沢
(右左)内藤　大和①　野沢
(右右)富田　康平③　臼田
(右右)小林　虎白②　野沢
(左左)村瀬　　翔②　上田六
(右右)岩下　智哉③　野沢
(右右)臼田　有稀①　野沢

佐久平総合技術

監督　川島　竜也(37)

◎投(左左)小林　　蓮③　中込
捕(右右)土屋　　真②　中込
一(右右)土田　理夢②　御代田
二(右左)吉沢　一秀②　浅科
三(右右)菊池　瞭乙②　中込
遊(右右)高見沢朋希②　佐久東
左(左左)両川　洋平③　上田一
中(右左)中島　凜斗③　小諸東
右(右右)土屋　　実②　中込
(右左)生島　寛人②　佐久東
(右右)碓井　劉慶②　中込
(右左)市川　暖真①　野沢
(右右)竹内　力生①　野沢
(右右)難波　健太①　立科
(右右)井出森之介①　佐久穂
(右右)上原　迅登①　浅間
(左左)重田志維磨②　野沢
(右右)須東　　奨①　野沢

佐久長聖

監督　藤原　弘介(46)

投(左左)出口　拓弥③　群馬城西
捕(右左)江原　皐生③　埼玉松山
一(右左)原　和博③　篠ノ井東
◎二(右右)森本貫太郎③　大阪港南
三(右右)良元　優斗③　大阪高津
遊(右右)朝田　健祥③　大阪藤井寺
左(右左)清水　康平③　中込
中(右左)佐藤　大岳③　佐久長聖
右(右右)奥玉　雄大③　岩手上野
(左左)井出　海翔③　神奈川舞岡
(右右)藤井　　輔③　大阪美加の台
(右右)寺川　裕也②　奈良二名
(右右)大宅　康介③　兵庫長坂
(右右)大山　魁斗③　兵庫東谷
(右左)内海　圭悟③　大阪南郷
(右右)滝沢　大成③　臼田
(右右)寺尾　拳聖②　大阪吹田二
(右右)藤岡　佳秀③　佐久長聖
(右右)杉山　涼星③　大阪千代田
(右右)倉沢凜太朗③　佐久長聖

蓼科・軽井沢・蘇南

監督　中村　博之(33)

投(右右)高島　莉生②　北御牧
捕(右右)高野　颯太③　小諸東
一(右左)大久保和繁③　木祖
二(右右)岩下　和人①　北御牧
三(右右)品原仁千翔③　軽井沢
遊(右左)杉本　　陸③　軽井沢
左(右右)服部　拓海②　依田窪南部
◎中(右右)藤塚　友綺③　東御東部
右(右右)笹井　琢磨①　立科
(右右)石垣　隆雅②　大桑
(右左)倉沢　　隼②　小諸東
(右右)三浦　希理②　上田三
(右右)秦野　達矢①　立科

地球環境

監督　柳沢　翔太(24)

投(右右)内田　大雅③　神奈川太洋
捕(右右)金田拳士郎③　千葉松戸三
一(右左)田中　仁翔①　愛知藤山台
二(右右)アンゴイ リンドン①　埼玉田島
三(右右)外川　　秀①　佐久東
◎遊(右右)宇賀神光正③　栃木鹿沼北
左(右右)真鍋　結人①　東京東大和二
中(右左)戸塚　太梧③　東京府中二
右(右左)小池　孝治③　埼玉秩父一
(右右)山田格之真①　東京志村二
(右右)宮脇　雅斗①　高陵

野沢北

監督　篠原　俊介(43)

投(右右)宮下　恵喜③　臼田
捕(右右)駒村　春彦③　中込
一(右右)南沢　春稀②　小諸東
二(右右)川上　怜央③　軽井沢
◎三(右右)菊原　本安③　浅間
遊(右左)山田　愛斗③　臼田
左(右右)堤　　優志③　野沢
中(右右)磯貝　颯太②　中込
右(右右)堀込　智哉③　浅間
(右右)新井　開仁③　野沢
(右右)笹沢　絢斗③　浅科
(右右)土屋　康大③　浅科
(右右)黒岩　勇希③　軽井沢
(右右)杉村　　響③　佐久東
(右右)菊池　倭斗②　臼田
(右右)角田　　歩②　浅間
(右右)工藤　陽慈②　佐久長聖
(右右)高見沢柊輝②　佐久穂
(右左)下山　海史②　臼田
(右右)土屋　裕聖②　御代田

野沢南

監督　津金　重一(57)

◎投(右右)山口　凜大②　小海
捕(右左)米川　　奨②　小海
一(右右)川井　俊輝②　望月
二(右右)三石　　脩②　臼田
三(右右)毛利　優吾①　小海
遊(右右)篠原　天馬②　臼田
左(右右)井出　　幹①　野沢
中(左左)瀬下　　光①　野沢
右(左左)丸山　瑞希③　佐久穂

丸子修学館

監督　中村　　仁(41)

投(右右)相場　魁斗③　上田一
捕(右右)今井　一稀③　丸子
一(右右)中原　駿斗③　依田窪南部
◎二(右右)久田　陸斗③　上田二
三(右右)加藤　朋貴③　依田窪南部
遊(右左)富岡　真也③　丸子北
左(右左)塩田　　樹③　丸子
中(右左)中村　恒陽①　丸子北
右(左左)千野　泰紀③　坂城
(左左)平林　祥哉②　東御東部
(右右)小林　守輝③　上田五
(右左)尾友　　晴①　丸子北
(右右)久保田亮嘉③　上田一
(右右)西沢　太稀①　坂城
(右右)深町　郁矢①　坂城
(右右)伊藤　　蓮②　東御東部
(右右)渡辺　大輝①　上田三
(右右)永井　拓実①　上田四
(右右)藤森　雅人②　上田五
(右右)掛川　貴博②　塩田

飯山

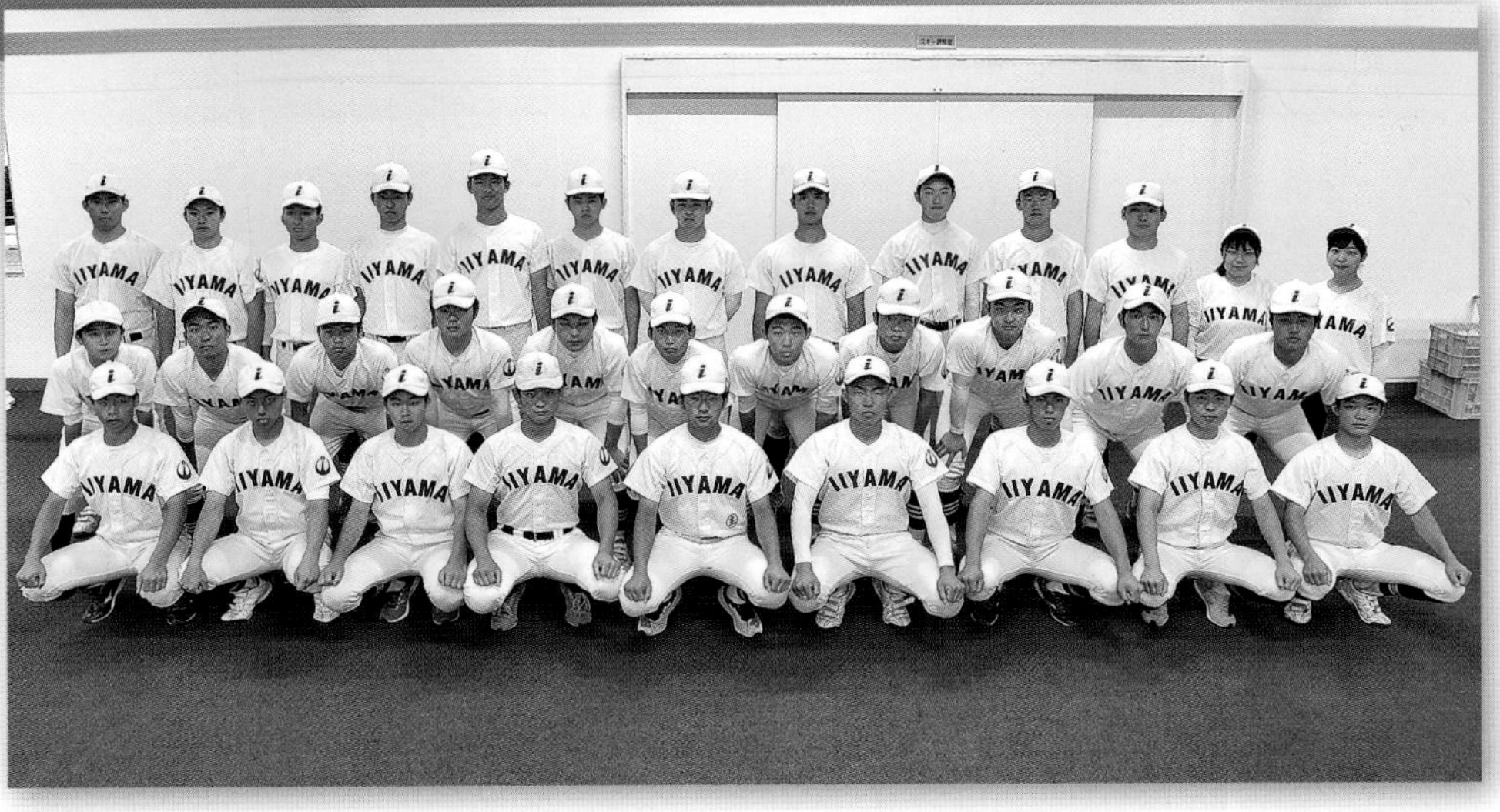

監督　吉池　拓弥(30)

投(右右)酒井鼓太郎③　更北
捕(右右)吉田　大晟③　中野平
一(右右)荒井　勇大③　小布施
二(右左)平林　　蓮③　更北
三(右右)松沢　空良③　若穂
◎遊(右右)関　　壱星③　長野北部
左(右右)高橋　　渉③　城北
中(右右)清水　桜介③　長野北部
右(右右)栗岩　　輝③　城北
(右右)田村　　仁②　柳町
(右右)中村　真都②　柳町
(右左)小林　　塁③　長野北部
(左左)丸山　大英③　長野東部
(右右)津金　颯汰③　豊田
(右右)伊藤　清正③　更埴西
(右右)竹村　海央③　広徳
(右左)東沢　　遼③　東北
(右左)大野祐一郎②　山ノ内
(右右)青木　広明③　若穂
(右左)塚田　久斗③　犀陵

更級農

監督　鈴木　達也(45)

投(右左)宮坂　　魁③　埴生
捕(右右)古沢　勝斗③　松代
一(右右)北村　郁也③　裾花
二(右左)高野　大翔③　篠ノ井西
三(右右)山崎　大地③　松代
遊(右右)大田垣飛翼③　広徳
左(右右)宮入　瑠衣③　裾花
中(左左)小山　琉斗③　広徳
◎右(右右)一由　知起③　裾花
(右右)日詰　桜太③　埴生
(右右)宮崎　将太③　篠ノ井西
(左左)日向　絢哉③　戸倉上山田
(右右)石坂　賢人③　更埴西
(右右)渡辺伽那太③　七二会
(右左)新井　　翔②　広徳
(右右)鈴木　大洋②　屋代
(右右)唐沢　遥斗②　更埴西
(右右)原田　　丈②　犀陵
(右右)小田　琉温②　篠ノ井東
(右右)西沢　　司②　戸倉上山田

篠ノ井

監督　深沢　綾則(48)

投(右右)丸山　航世③　広徳
捕(右右)田中　海羅②　更埴西
一(右右)青木　敢亮③　三陽
二(右左)田牧　隼祐③　裾花
三(右右)樽田裕之介②　松代
遊(右右)高木　暖心③　屋代
◎左(右左)吉岡　　洋③　篠ノ井東
中(右右)権田　圭祐②　広徳
右(右右)浦野　青空②　川中島
(右左)野崎　　涼②　屋代
(右右)小林　皓紀③　若穂
(右右)上海　拓真②　篠ノ井西
(右右)槙村　佑介②　広徳
(右右)石井　翔吾②　川中島
(右左)柳沢　将剛②　更北
(右右)宮島　秀八②　更北
(右右)宮坂　幸杜③　埴生
(右左)雪入　孝貴②　若穂
(右左)鈴木　渚士②　埴生
(右右)荒井　貫太②　更北

下高井農林

監督　藤巻　善之(44)

投(右右)小林　萌希③　豊田
捕(右右)武田　　茂③　野沢温泉
◎一(右右)丸山　愛斗③　城北
二(右右)木村　太一①　城南
三(右右)関口　柊平③　野沢温泉
遊(右右)渡辺　銀弐①　城南
左(右右)木本　煌太①　城南
中(左両)永峯　新大①　城南
右(右左)高島　颯大③　城北
(右右)湯本虎太郎①　木島平
(右右)村松　優央①　城南
(右右)橋沢　寿尭①　城南

須坂

監督　綿貫　義文(54)

投(左左)金丸　聡周③　南宮
捕(右右)下田太生良③　南宮
一(左左)山岸諒太郎③　常盤
二(右右)中平　貴雪②　南宮
三(右右)藤沢　　順②　信大付長野
遊(右左)川内野大人②　飯綱
◎左(右右)塚田　爽太③　三陽
中(右右)井浦幸太郎③　高山
右(右右)小林　大悟③　小布施
(右右)中山　泰希③　南宮
(左左)井上　輝星③　豊野
(右右)吉岡　正薫②　長野東部
(右右)島田　一世②　相森
(右右)小林　亮太②　常盤
(右右)小林　航輝②　南宮
(右右)今井　健人②　若穂
(左左)駒村　　渉①　若穂

須坂創成

監督　塚田　和弘(36)

投(左左)黒岩　厚希③　墨坂
捕(右右)小林　琉士②　中野平
◎一(右左)中島　優大③　若穂
二(右右)太田　倖平③　墨坂
三(右右)勝山　一希③　墨坂
遊(右左)内山　立輝③　若穂
左(右右)鈴木　誠也③　墨坂
中(右右)上條　太雅③　東北
右(右右)塚田　大翔③　墨坂
(右右)黒岩　　紘③　墨坂
(右右)樋口　雅弥②　須坂東
(左左)松山　滉希②　墨坂
(右右)宮川　　司②　高山
(右右)田中　柊多②　中野平
(右右)桑原　大翔①　犀陵
(右右)武田　陽之②　高社
(右右)斎藤　　謙②　中野平
(左左)宮尾　晃涼②　常盤
(右右)島田　　匠②　小布施

須坂東・北部・坂城

監督　高坂　　亨(29)

投(右右)渡辺　礼都③　長野西部
◎捕(右両)山口　　匠③　上田三
一(右右)小林　祐介①　相森
二(右左)大日方悠稀③　東北
三(右右)井上　　猛②　東北
遊(右右)丸山　周大③　相森
左(左左)松沢　鳳輝③　青木
中(左左)滝沢　大志③　豊野
右(右右)宮尾　恭平②　坂城
(右右)小林　高幸①　戸倉上山田
(右右)藤森　悠也③　東北
(右右)本田　楓登①　上田三
(右右)中山　陸斗①　戸倉上山田
(左左)久保田慎吾③　上田三
(右左)池田　　智③　南宮
(右右)小平　和希③　常盤
(右右)小山　貴司③　相森

中野西

監督　木村　　徹（45）

投（左左）三ツ井奏人②　南宮
捕（右右）伊東　樹生②　南宮
一（右右）湯本　寛政③　高社
二（右左）堀内　大雅③　墨坂
三（右右）永井　涼雅③　中野平
◎遊（右右）東谷　涼斗③　南宮
左（右右）青木　聖斗③　山ノ内
中（右右）加藤　大和②　常盤
右（右右）大田　晃輔③　小布施
（右右）上村　啓太②　常盤
（右右）東谷　裕斗②　南宮
（右左）松村　祐吾②　中野平
（右右）福山　拓実②　南宮
（右右）山内　礼央②　南宮
（右右）山田　瑛太②　中野平
（右右）豊田　凌也①　高社
（右右）外谷　晴輝①　墨坂
（右右）門脇　勇磨①　高山
（右右）木村　孔士①　城南
（右右）羽生田将輝①　高山

中野立志館

監督　野沢　　等（56）

投（左左）川辺　一太③　山ノ内
捕（右右）湯本岳久仁②　山ノ内
一（左左）山崎　広翔②　山ノ内
二（右左）田中　弥琴③　高社
三（右右）佐藤　　慧②　高山
◎遊（右右）田村　　翼③　山ノ内
左（左左）冨沢　春陸③　南宮
中（右右）宮下　優雅③　常盤
右（右右）町田　優介③　高社
（右右）須藤　隼斗②　高社
（左左）本山　獅子②　山ノ内
（右右）池田　大輝②　高社
（右左）武内　康成③　常盤
（右右）川口　颯誠③　城北
（右右）田中　　皓②　飯綱
（右左）丸山　大心③　南宮
（右右）丸山　大河③　南宮
（左左）山本　隼聖②　山ノ内
（右右）畔上　太一②　中野平
（右左）神戸　颯翔②　小布施

長野

監督　武田　圭弘（29）

投（左左）小嶋　凌生③　東北
◎捕（右右）中村　渓介③　東北
一（右左）伊藤　誓哉③　信大付長野
二（右右）小山裕太郎③　更北
三（右右）上野凌太郎②　信大付長野
遊（右右）大谷　悠翔②　桜ケ岡
左（右右）小山紋史朗③　広徳
中（右右）堀内　貫太③　裾花
右（右右）間宮　駿太②　信大付長野
（右右）小嶋　宗雅②　長野東部
（右右）田沼　幹斎③　長野北部
（右右）小沢　海斗③　信大付長野
（右左）森田　侑生②　信大付長野
（右右）松木　大晟③　信大付長野
（右右）西村　郁応③　信大付長野
（右右）黒田　凌矢③　屋代
（右右）中村　悠人③　相森
（右左）市川雄一郎③　若穂
（右右）八尋　拓海③　信大付長野
（右左）山口　隼平②　戸隠

長野工

監督　村山　雅俊(36)

投(右右)小出　陽哉②　埴生
捕(右右)田中渉太郎③　豊田
一(左左)福田　智規③　長野東部
二(右左)宮崎　晃成②　長野東部
◎三(右右)小山　将汰③　篠ノ井東
遊(右右)松本　瑠偉②　更北
左(右右)矢口　尚哉③　若穂
中(右右)宮尾　悠生③　裾花
右(右左)間曽　達揮③　東北
(右右)渋谷　大樹③　篠ノ井東
(右右)中沢　麗桜②　長野東部
(右左)佐藤　嵐太②　長野東部
(右右)井口　翔太③　長野東部
(右右)倉石　康弘③　柳町
(右右)高柳　　優②　長野東部
(右左)北沢　太聖③　裾花
(右左)宮林　慶次②　篠ノ井西
(右右)村田　優羽③　犀陵
(右両)五味　佑太②　裾花
(右右)滝沢　綜汰①　若穂

長野高専

監督　湯沢壮一郎(19)

投(右左)武井　暖心②　長野北部
捕(右右)山科　穂高②　富士見
一(右両)宮田　尚人②　大町一
二(右右)小池　唯斗③　松代
三(右右)遠山　颯音③　箕輪
遊(右右)越川　　真②　篠ノ井西
左(右右)原田　悠永②　長野北部
◎中(左左)畔上　太乙③　山ノ内
右(右右)外谷　優太②　川中島
(右右)下平　太一②　信州新町
(右右)勝山　貴博①　常盤
(右右)東山　将大①　原

長野俊英

監督　小林　正具(58)

投(右右)柳沢　　心②　東御東部
捕(右右)宮崎　大樹②　篠ノ井西
一(右右)中川雄一朗②　上田一
二(右右)野沢　颯希②　篠ノ井東
三(右両)原　　壮吾①　広徳
◎遊(右右)戸谷　紘基③　篠ノ井西
左(右右)滝沢　勇人③　篠ノ井東
中(右右)倉沢　春昌③　埴生
右(右右)大久保　惺②　広徳
(右右)横井　克紀②　篠ノ井東
(左左)町田　陽紀②　広徳
(右右)丸山　佳祐②　女鳥羽
(右右)小林　大晃②　上田四
(右右)西川　彪雅①　東北
(右右)和田　晃一①　広徳
(右右)柳原　佳伊①　裾花
(左左)大日方　輝①　長野西部
(右右)室崎　勇人①　東京高円寺
(右左)徳武　咲哉①　戸隠
(右右)川口　悠介①　長野西部

長野商

監督　赤須　健士(43)

投(右右)丸山　雄大③　更北
捕(右右)緑川　瑛斗③　広徳
一(右右)小林　一輝③　裾花
二(右右)笠原　佑斗③　東北
三(右左)堀　　快斗③　若穂
遊(右右)堀　　隼斗③　若穂
左(右右)伊藤　　瞭③　篠ノ井西
中(右左)大桃健太郎③　川中島
右(右右)武田　太陽③　川中島
　(右右)内堀　翔太③　犀陵
　(左左)酒井　天翔②　更北
　(右右)佐藤　和生②　東北
　(右左)滝沢　敦稀③　屋代
　(右左)池田　壮太②　篠ノ井西
　(右右)宮下　大征③　信濃
　(右右)湯本　寛汰③　松代
◎　(右右)石坂　陸人③　更北
　(右左)中曽根大拓②　三陽
　(右右)清野　翔太②　豊田
　(右左)岩倉　康生③　更北

長野西

監督　丸山　晃実(29)

投(右右)渡利　泰成③　篠ノ井西
◎捕(右右)南畑　瑠哉③　桜ケ岡
一(右右)宮尾　泰生③　信州新町
二(右左)内山　颯斗③　広徳
三(右右)山田蒼太郎②　三陽
遊(右左)久保田創太③　飯綱
左(左左)小山　一心③　篠ノ井東
中(右右)渋沢　佑斗③　篠ノ井西
右(右右)辻　　健太③　篠ノ井西
　(右右)和田　興明③　信濃
　(右右)中沢　和音②　犀陵
　(右右)塚田　青空②　川中島
　(右右)渡辺　大誠③　川中島
　(右右)田中　維織②　広徳
　(右右)渭原　大和③　篠ノ井東
　(右右)堤　　悠樹②　広徳
　(右左)原　　太星③　更北
　(右右)繁野　公平③　犀陵
　(右左)依田　雄真②　三陽
　(右右)西沢　英透③　東北

長野日大

監督　松橋　将之(40)

投(右右)白根　羽琉③　東京西池袋
捕(右右)東海林嘉翔③　更北
一(左左)二本松佑真③　裾花
二(右右)松永光志朗③　城北
三(右右)塚田　拓海③　犀陵
遊(右左)青木　翔夢②　墨坂
左(右左)中島　大翔③　広徳
中(左左)丸山正太郎③　松代
◎右(左左)平林　大輝③　穂高西
　(右右)長坂　拓磨②　更埴西
　(左左)大日方祐仁②　裾花
　(右右)久保田勇利②　三郷
　(右右)山口　純也②　広徳
　(右両)田貝　　光③　東御東部
　(右右)西沢　大空③　篠ノ井東
　(右右)河村　彪真③　中野平
　(右左)三ツ井　輝③　裾花
　(右右)青木　悠斗①　川中島
　(右左)山口　雄大③　中野平
　(右右)半藤颯士朗③　裾花

長野東

監督　小林　勝男(29)

投(右右)中塚　幸弥③　桜ケ岡
捕(右右)関口　武侍③　長野東部
一(右右)小日向駿輝③　飯綱
◎二(右右)田中叶志朗③　若穂
三(右右)徳竹　賢佑②　三陽
遊(右右)山岸　唯人③　更北
左(右右)唐木　智矢②　篠ノ井東
中(左左)橋本明日翔③　高山
右(右右)山岸　一斗③　若穂
(右右)横川　透也②　三陽
(右右)千原　颯真①　若穂
(右右)坂田　哲平②　墨坂
(右右)島田　将義②　長野東部
(右右)小口　侑弥②　長野東部
(右右)鈴木育一郎①　広徳
(右右)小須田俊輔①　広徳
(右右)山田　碧生②　長野北部
(右右)宮沢　朋弥①　墨坂
(右右)岡田　陽翔①　東北
(右右)正木　莞太①　飯綱

長野南

監督　笠井　　浩(57)

◎投(右左)寺尾　銀仁③　松代
捕(右右)鳥羽　康平③　篠ノ井東
一(右右)内山　岳音②　川中島
二(右右)一柳　　豪②　篠ノ井西
三(右右)千島　大嗣③　篠ノ井東
遊(右右)金児　星摩③　篠ノ井西
左(右右)細井　陸生②　川中島
中(右両)藤沢　　琉③　更北
右(右右)高橋　清春①　更埴西
(右左)西沢　知哉①　埴生
(右右)山本　太陽①　川中島

長野吉田

監督　松田　一典(55)

投(左左)奥村　陽太③　篠ノ井西
捕(右右)五明　琉成③　裾花
◎一(右右)神田　拓真③　長野北部
二(右左)寺島　乙槻③　長野北部
三(右右)永田晋一朗③　三陽
遊(右右)仁科　耀星③　篠ノ井西
左(右右)宮下　拓武③　更北
中(右右)山口　大樹③　長野北部
右(右右)高嶋　　要③　川中島
(左左)太田　騎平③　川中島
(左左)矢口　諒一③　三陽
(右右)山本　陽太②　東北
(右右)神戸　柊哉③　広徳
(右左)堀内　翔太②　中野平
(右右)桐山　幸大②　桜ケ岡
(右右)小林　倭人②　長野東部
(右右)小林　優希②　長野東部
(右右)渡辺　康平③　豊野
(右右)松原　俊太②　長野北部
(左左)羽片　俊稀②　長野東部

松代

監督　林　　直樹(50)

◎投(右右)大塚　翔貴③　埴生
捕(右右)柳沢　佑星②　松代
一(右右)山崎　莉王②　犀陵
二(右左)武井　嶺侍③　更埴西
三(右右)磯田　悠太②　松代
遊(右右)久保　勇汰②　犀陵
左(右右)飯島　大輝③　埴生
中(左左)滝沢　晴琉②　松代
右(右右)桑原　太陽②　犀陵
(右右)須田　洸太③　松代
(右右)稲葉　華威②　松代
(右右)高橋　　洸②　広徳
(右右)石川　快晟①　更埴西
(右左)窪田　恵汰①　屋代
(右右)広田　優貴①　犀陵

屋代

監督　遠山　竜太(32)

◎投(右右)井口　琉聖③　埴生
捕(右右)池尻　陽太③　篠ノ井東
一(右左)牧野恵太郎③　屋代
二(右右)松原　寿樹③　埴生
三(右右)坂本　紘之②　篠ノ井西
遊(右右)山口　創也②　更埴西
左(右右)小林　偉月②　篠ノ井西
中(右右)鎌田　翔太③　屋代
右(左左)野中　悠介②　川中島
(左左)蚊野　　匠②　広徳
(右右)牛越　祥太③　屋代
(右右)寺沢　優佑③　更埴西
(右右)片桐　勇斗①　松代
(右右)内山　創太①　屋代高付
(右右)山口　　塁①　埴生
(右左)丸山　夢叶①　更北
(右右)寺沢　昇平②　更埴西
(右右)田中悠太郎①　柳町
(右右)目黒　巧翔①　裾花
(右右)小林　颯真①　篠ノ井西

明科・豊科・穂高商

監督　関島　資浩(49)

◎投(右右)吉田　起也③　塩尻西部
捕(右右)前田　竣一③　更北
一(右右)石川　寛人②　豊科北
二(右右)岡部　好機②　北安曇松川
三(右右)飯田　颯人③　聖南
遊(右右)関　　祐弥③　明善
左(右右)関　　颯斗③　仁科台
中(右右)猪股　海斗③　三郷
右(右左)関川　卓磨②　聖南
(右左)波多野璃空②　豊科南
(右右)相内　陸渡③　堀金
(右右)宮崎　雄太③　更北
(右右)小嶋　　永②　豊科北
(右左)望月慎ノ介①　穂高東

梓川

監督　山本　俊介（29）

投（右右）山口　駿介②　鉢盛
◎捕（右右）竹田　翔貴③　鎌田
一（右右）神部　涼馬③　波田
二（右右）鳥羽　大悟②　筑摩野
三（右両）小林　蓮①　波田
遊（右左）丸山　奨③　梓川
左（右右）中村　翔①　松島
中（右左）中山　恭輔③　三郷
右（右右）山中　文太②　鉢盛
（右右）佐藤　柚真②　清水
（右右）鹿川　堅守②　穂高東
（右右）松葉　将希①　波田
（右右）西村　宗司①　菅野
（右右）三村　亮太①　菅野
（右右）百瀬　仁志①　信明

池田工

監督　菊池　吉真（43）

投（右右）腰山　亮③　仁科台
捕（右右）太田　翔太②　仁科台
一（右右）甲斐沢　秀②　北安曇松川
二（右右）郷津　大地①　穂高西
三（右右）稲垣　洸希①　穂高西
◎遊（右右）丸山　塁③　菅野
左（右右）春日　亮輝②　仁科台
中（右右）白沢　賢征②　北安曇松川
右（右右）望月　亮太①　豊科北

大町岳陽

監督　中沢　秀人（56）

投（左左）坂井　翔紀②　高瀬
◎捕（右右）堀　俊介③　仁科台
一（右右）西沢　朋哉③　仁科台
二（右右）内山　温斗③　高瀬
三（右右）深沢　一生②　堀金
遊（右右）中山　幸蔵③　高瀬
左（右右）横川　拓哉②　白馬
中（右右）吉原　千陽③　穂高東
右（右右）伊藤　遼二②　大町一
（右左）須沢　鳳介③　仁科台
（右右）新津航太郎②　大町一
（右右）本堂　巧②　大町一
（右左）山岸　颯斗②　堀金
（右右）小林　優斗②　大町一
（右右）吉沢　蓮①　豊科北
（右右）倉科　太郎②　仁科台
（右右）浅野　朱羽①　仁科台
（右左）井口　真翔①　高瀬

木曽青峰

監督　森　　大樹(31)

投(右左)奈良　駿介③　上松
◎捕(右右)徳原　勝次③　上松
一(右右)雲野　希勇②　裾花
二(右右)藤原　匠人②　木祖
三(右右)塩原　光流②　広陵
遊(右右)古畑　太聖③　木曽町
左(右左)山本　紘也②　木曽町
中(左左)加藤　祥次③　上松
右(右右)吉村　颯真③　上松
(左左)竹腰　太一②　大桑
(右右)深沢　周文①　波田
(右右)野中　　温①　木祖
(右右)奥原　　群①　明善
(右右)古畑　　憧①　日義
(右右)坂上　未来①　上松
(左左)古幡寿希也①　木曽町
(右右)大久保裕介①　山辺

塩尻志学館

監督　横川　　誠(33)

投(左左)神戸　陽斗③　両小野
捕(右右)村井　信慶③　塩尻
一(右右)百瀬　光希③　塩尻
二(右右)玉城　拓叶③　塩尻西部
三(右右)寺平　藍斗③　木祖
遊(右右)石橋　　友③　塩尻
左(右右)森　　甲多③　筑摩野
中(左左)岩原　　暖③　木祖
右(右右)加賀　　聖②　開成
(右右)村上　隼弥③　塩尻
(右右)山口　純平③　明善
(右右)大槻　倖綺①　広陵
(右左)広前　優吾③　明善
(右右)笠原　俊輔②　塩尻
(右右)田中　宏樹②　塩尻西部
(右右)古畑　輝流①　広陵
◎　(右右)清沢　力優②　鉢盛
(右右)大槻　剛渡②　鉢盛
(右右)丸山　爽来②　筑摩野
(右右)降旗　来夢②　三郷

田川

監督　真野　義英(56)

投(右右)降籏　大誓③　開成
捕(右右)塩原　彰太③　広陵
一(右右)北原　楓希③　丘
二(右右)粟津原晴也②　鉢盛
三(右右)片桐　鈴矢③　塩尻
遊(右右)桑原　京介③　広陵
左(右右)小林空太郎③　両小野
◎中(右右)吉沢　　快③　広陵
右(右右)吉江　　皐③　塩尻
(右右)鈴木　爽平③　丘
(右左)袖山虎太郎②　梓川
(右右)座間　祥太②　菅野
(右右)中野　　涼②　丘
(右右)須山大志朗②　筑摩野
(右右)鈴木　蒼空②　鎌田
(左左)片岡　寿基②　波田
(右右)中屋　　柊②　波田
(右左)唐沢　凌平②　鎌田
(右右)柴田　雅兜①　鉢盛
(右左)宇治　愛葵①　塩尻西部

東京都市大塩尻

監督　長島　由典(42)

投(右右)今野　瑠斗②　東京晴海
◎捕(右右)松田　盛健③　東京十条富士見
一(右右)炭田　健介③　東京上板橋一
二(右右)吉井　智亮③　大阪墨江丘
三(右右)米本　大陸③　東京南千住二
遊(右右)佐野　　司③　東京荒川一
左(左左)武井　玲欧③　東京四谷
中(右右)田村　　宙③　神奈川南加瀬
右(右右)内山翔太郎③　神奈川依知
(左左)三沢　俊介②　辰野
(右右)藤本　涼来③　竜峡
(右右)山田　朝斗②　神奈川北の台
(右右)平井　涼太③　神奈川早渕
(右左)米山　晟央③　菅野
(右右)鈴木　朝陽③　鉢盛
(左左)西塚　光渉②　東京晴海
(右右)為定　修平③　東京西葛西
(右左)渡辺　侑誠③　東京浅川
(右右)三代沢　勲③　開成
(右右)伊藤　蒼空③　長峰

日本ウェルネス長野

監督　中原　英孝(76)

投(右右)広瀬　大樹③　群馬下仁田
◎捕(右右)山上　　暁③　喬木
一(右右)鈴木　祥平③　愛知千秋
二(右右)青木　莉於③　神奈川下瀬谷
三(右左)杉浦　　匠①　塩尻
遊(右右)浅沼　春輝③　南宮
左(右左)田場　大毅②　仁科台
中(右右)田中　秀成③　新潟宮浦
右(右右)荻原　諒人③　御代田
(左左)三原田京成①　新潟直江津
(右右)村上　和寿②　大阪孔舎衙
(右左)中平　優多①　伊那
(右右)黒柳　　晃③　豊野
(右右)渡辺　凌盛②　高綱
(右右)中山　大樹③　上田三
(右右)佐藤　　大①　更埴西
(右両)鈴木　星陽③　筑摩野
(右左)西沢　　葵②　上田一
(右右)高相　　匠②　山ノ内
(右右)井出　敬太③　長野北部

松商学園

監督　足立　　修(57)

投(左左)栗原　英豊②　新潟寄居
◎捕(右右)藤石　烈翔③　新潟中野小屋
一(左左)斎藤　優也③　神奈川中野島
二(右右)金井　　創②　豊野
三(右右)高崎　　脩③　静岡浜松西部
遊(右右)吉水　真斗②　菅野
左(右左)間中　大介③　丘
中(右右)忠地　大樹③　波田
右(左左)織茂　秀喜③　塩田
(右右)渡辺創治郎③　埼玉大東
(右右)土井　和斗③　大阪我孫子
(右右)野田　留輝③　静岡浜松北部
(右右)柴田　入毅③　鉢盛
(右左)塩原　諒真③　菅野
(右右)滝川　大生③　大阪登美丘
(右右)熊谷　大生③　飯田西
(右左)宮下　淳輝③　東京下里
(右左)今井　英寿③　諏訪南
(右右)夜久　亮太③　大阪南八下
(右右)西　倫太朗③　大阪住吉

松本県ヶ丘

監督　宮沢　　修(57)

◎投(右右)高山　遼大③　鎌田
捕(右右)三好　勇輝③　明科
一(右右)小野　　快②　丘
二(右右)鵜飼　元樹②　丘
三(右右)滝浪　幸太②　三郷
遊(右右)小尾甲太郎②　広陵
左(右右)柳原　慧也③　大町一
中(右右)小久保優作③　穂高西
右(右右)谷田　　旭②　清水
(右右)鶴見　海都②　松島
(右右)中村　啓祥②　塩尻西部
(右右)水野谷知輝③　信明
(左左)山口　崚吾③　高綱
(右右)青木　陸哉③　丘
(右右)野村　風雅①　波田
(右右)古畑　大地①　塩尻西部
(右左)片山　力聞①　菅野
(右右)米山　哲平①　両小野
(右右)長谷川嵩人①　旭町

松本蟻ヶ崎

監督　市川　優一(39)

投(右右)丸山　望史③　堀金
◎捕(右左)有田　諒芽③　丘
一(右右)内沢　洸太③　開成
二(右右)菅谷　　嶺②　開成
三(右右)青木　悠高③　明科
遊(右左)小口　遼馬③　広陵
左(右右)吉村　成矢③　開成
中(右左)米山　　慶③　両小野
右(右右)丸山　開誠③　女鳥羽
(右右)山浦　徹弥③　松島
(右右)芦田健太郎①　鎌田
(右右)安里　遥人①　明科
(右右)林　　威吹②　開成
(右右)小松　祈叶②　仁科台
(右右)横山　　駿①　丘
(右右)長田　悠仁②　清水
(右右)横山　湊太①　明善
(右右)遠藤　健太①　高綱

松本工

監督　柳瀬　　元(31)

投(左左)百瀬　圭太③　丘
捕(右右)坪田健太朗③　会田
一(右右)石井　陽向③　豊科北
二(右右)宮田　義紀③　清水
三(右左)渡辺　剣真③　山辺
遊(右右)那須野琉之介③　旭町
左(右右)岩垂　健真③　明科
◎中(右右)百瀬　翔弥③　松島
右(右右)常田　朝啓③　旭町
(左左)深沢　泉寿③　清水
(右右)宮下亜救琉②　波田
(右右)野村　知己③　波田
(左左)本林　愛翔③　塩尻
(右右)村瀬　修野③　堀金
(右右)野村　治生②　波田
(右左)宮沢　　真②　豊科南
(右右)上島　陸斗②　筑摩野
(右右)吉沢　舜人②　大町一
(右左)桜井　利央①　豊科北
(右右)百瀬　　岳①　丘

松本国際

監督　森田　一弘(52)

投	(右右)	林　　青空③	大阪門真二
捕	(右右)	深井　聡輔③	神奈川葉山
◎一	(右右)	中沢　　善③	京都近衛
二	(右右)	永原　　匠③	広陵
三	(右左)	藤井　翔湧③	新潟雄志
遊	(右右)	寺田　　航③	岐阜落合
左	(左左)	森本　大翔③	旭ケ丘
中	(左左)	原田　歩夢③	群馬松井田北
右	(左左)	中嶋　　錬③	岐阜川島
	(右右)	中川　大空③	大阪石橋
	(左左)	板倉　駿弥③	阿南一
	(右右)	須沢　愛也③	菅野
	(左左)	谷本佳汰朗②	滋賀日吉
	(右右)	本多　隼人③	大阪東陽
	(右右)	小西　人夢③	東京清瀬
	(右右)	越智　隼士③	岐阜恵那西
	(右右)	五島　大和③	丘
	(右右)	松尾　銀次③	岐阜阿木
	(右左)	熊倉　諒人③	神奈川浜須賀
	(右右)	今枝　洸太②	愛知一宮北部

松本第一

監督　田中　健太(28)

◎投	(右右)	細川　春翔③	岡谷東部
捕	(右右)	茅野　凌河③	岡谷東部
一	(右右)	平林　啓太③	辰野
二	(右左)	久保田智也③	北安曇松川
三	(右右)	浜島　周蓮②	旭ケ丘
遊	(右右)	佐々木　輝①	塩尻西部
左	(左左)	小山　大稀③	鉢盛
中	(左左)	高山　琳世②	菅野
右	(右右)	遠藤　　樹②	長野西部
	(左左)	井坪　玲雅②	伊那東部
	(右右)	降旗　淳史③	三郷
	(右右)	須藤　聖斗②	丘
	(右左)	平沢　昂大③	伊那東部
	(右右)	西島　光咲③	清水
	(右左)	永森　　将③	丸ノ内
	(右右)	竹内　晴紀①	赤穂
	(右右)	熊谷　澪央③	飯田西
	(右左)	宮沢　　樹③	伊那東部
	(左左)	久保田凌世③	会田
	(右右)	保高　祥汰③	梓川

松本深志

監督　清水　雄一(43)

投	(右右)	山口　優輝③	梓川
捕	(右右)	宮下　敏尚②	鎌田
一	(右右)	竹村　飛呂③	茅野東部
二	(右左)	轟　　潤人②	信大付松本
三	(右右)	榊原　悠太②	信大付松本
◎遊	(右左)	白橋　佑悟③	仁科台
左	(右左)	逸見　元紀③	梓川
中	(右右)	菱沼　草歩③	信大付松本
右	(右右)	山田　大翔②	女鳥羽
	(右右)	金子　大智①	更埴西
	(右左)	小沢　侑吾①	辰野
	(右右)	松井　琢真③	諏訪西
	(左左)	尾台　泰地③	菅野
	(右右)	大沢　広青③	高瀬
	(右右)	鈴木　達也③	女鳥羽
	(右左)	北原　千洋②	広陵
	(右右)	薄井　碧太③	女鳥羽
	(右右)	松田　康平③	北安曇松川
	(右右)	宮原　颯太③	梓川
	(右左)	安尾　泰鷹②	清水

松本美須々ヶ丘

監督　両角　純平(36)

投(右右)月岡　晴斗③　楢川
捕(右右)吉田　瑛登③　清水
一(右右)唐沢　築史③　堀金
二(右右)宮瀬　颯人③　豊科南
三(右右)南沢　和歩③　穂高東
◎遊(右左)太田　創士③　白馬
左(右右)関川　星登②　聖南
中(右左)高島侃太郎③　松島
右(右右)小林　修己①　三郷
(右右)西沢　愛桐③　聖南
(左左)田中　賢太②　清水
(右右)山崎　隆史②　聖南
(右右)前川輝一郎②　女鳥羽
(右右)飯島　　祐③　穂高東
(右右)小池　俊輔②　塩尻西部
(右右)中林　大樹②　鎌田
(右右)三角　祥太①　開成
(右右)小林咲太朗①　鉢盛
(右右)莳田凜一朗②　開成
(右右)清水　諒央②　会田

南安曇農

監督　北沢　信一(44)

投(右右)小沢　　響③　菅野
◎捕(右右)保科　　慧③　穂高東
一(右右)川上　悠空③　高瀬
二(右右)竹村　柾人②　旭町
三(右右)徳武　斗哉③　堀金
遊(右右)モリス　レイドン②　穂高西
左(右右)三沢　祐希③　高瀬
中(右右)緒方　紫音③　波田
右(右右)及川　拓夢③　穂高東
(右右)丸山　成哉②　豊科南
(右右)浅川　大夢①　堀金

赤穂

監督　原　　　登(55)

投(右右)木下　元佑③　赤穂
捕(右右)小玉　稜太③　南箕輪
一(左左)湯沢幸太郎③　中川
二(右左)大野　雄飛③　赤穂
三(右左)大野　遥翔③　赤穂
遊(右左)坂井　広大③　駒ケ根東
◎左(右右)松尾　哲汰③　宮田
中(右右)埋橋　航大③　春富
右(右右)馬場田唯飛③　中川
(右右)伊藤　晴太③　春富
(右右)御子柴大納②　伊那
(右右)久保田　怜②　飯島
(右左)田中　　諒②　赤穂
(右右)浦野　栄翔②　春富
(右右)武内　　空②　駒ケ根東
(右右)松尾　勇斗②　下伊那松川
(右左)伊藤　巧翔②　春富
(左左)原　　琉慎①　中川
(右左)川井　瑛心①　飯島
(右左)青木謙太郎①　高遠

阿智

監督　丸山　智大(28)

投(右右)二茅　龍生③　鼎
捕(右右)久保田東斗③　旭ケ丘
一(右右)中島　星飛②　旭ケ丘
二(右右)鈴木　瑛心③　旭ケ丘
三(右右)中島　光聖②　高陵
◎遊(右右)原　圭汰③　鼎
左(右左)松下　照②　緑ケ丘
中(右右)桜井　柊也③　高陵
右(右右)牛山　友晴③　旭ケ丘
(左左)村沢　拓真②　鼎
(右左)桜井　勇大②　阿智
(右右)山崎　嵐②　旭ケ丘
(右左)熊谷　光起③　阿智
(右右)宮下　叶夢③　高森
(右右)中島　晟雅③　旭ケ丘
(右左)勝野　碧人①　旭ケ丘
(右左)滝沢　剛人②　旭ケ丘
(右右)原　遼也②　高森
(右右)美濃部康希②　阿智
(右右)高橋　廉①　旭ケ丘

飯田

監督　熊谷　匡通(34)

投(左左)力石　淳平③　竜峡
捕(右右)塩沢　望③　飯田西
一(右右)浜島　潤③　飯田西
二(右右)池戸　大智③　緑ケ丘
三(右右)登内　泰成③　下伊那松川
遊(右右)平栗　優翔③　鼎
左(右右)熊谷　心人③　下伊那松川
◎中(右右)宮下　智貴③　飯田西
右(右右)藤森　海透③　喬木
(左左)花井　啓人③　鼎
(右右)坪井　和輝③　高森
(右右)松下　遥暉②　竜峡
(右右)大原　京輔②　竜峡
(右右)片桐　慎①　喬木
(右両)西尾　公佑③　緑ケ丘
(右右)木村　耀太①　喬木
(右右)小池　大誠③　飯田東
(右右)松島　友哉②　高森
(右左)山田　拓武①　鼎
(右右)肥後　壮真①　旭ケ丘

飯田OIDE長姫

監督　井口　雄弥(33)

投(右右)松下　秀③　泰阜
捕(右右)原　汰地②　阿智
一(右右)相原　祐也③　阿南一
◎二(右右)熊谷　雄大③　竜峡
三(右右)田巻　太陽②　飯田東
遊(右左)松村　快聖③　旭ケ丘
左(右右)大島惟央汰③　喬木
中(右左)日野　潮③　飯田西
右(右右)鋤柄　太祐③　高陵
(右右)市瀬　直人②　喬木
(右右)熊谷　俊吾③　下條
(右右)久保田健斗③　旭ケ丘
(右右)榑沼　大希③　喬木
(右右)岡田　颯叶③　下伊那松川
(右左)宮沢　快成③　下伊那松川
(左左)阿部　朔士③　旭ケ丘
(右右)河原　晴人③　喬木
(右右)細川　歩夢②　鼎
(左左)林　直樹②　竜峡
(右左)佐々木悠翔①　阿智

飯田風越

監督　小椋　柳太(41)

投(右右)寺沢　快晟③　高森
捕(右右)近藤　優輝③　鼎
一(右左)青嶋　　駿③　緑ケ丘
二(右右)池田　晃樹②　泰阜
三(右右)渋谷　央誠②　阿智
遊(右左)木村　柊太③　喬木
左(右右)岩下　謙伸③　緑ケ丘
◎中(右右)宮下　泰稀③　緑ケ丘
右(右右)吉沢　駿佑③　高陵
(右右)塩沢　　颯③　緑ケ丘
(右左)西村　拓朗②　喬木
(右左)熊谷安紀彦②　鼎
(右右)今村　優太①　高陵
(右右)竹原　崇太②　高陵
(右右)丸山　歩夢②　下伊那松川
(右右)山中　琉暉②　高森
(右右)宮崎　祥聖②　中川
(左左)松下　晃樹②　高陵
(右右)松田　健斗②　旭ケ丘
(右右)山上　佳也①　喬木

伊那北

監督　田中　学歩(36)

投(右右)松崎　陽人③　駒ケ根東
捕(右右)伊藤蒼一郎③　春富
一(右左)翁　　凜希③　箕輪
◎二(右右)井上　雅也③　伊那東部
三(右右)増田　真也③　宮田
遊(右右)大野　佳祐②　伊那東部
左(右左)米山　開都③　中川
中(右左)三沢　蒼大③　伊那東部
右(右右)三沢　丈始③　伊那東部
(右右)小池　大珠③　箕輪
(右右)中原　大輝③　赤穂
(右右)中島　正太②　伊那東部
(右右)田中　遥斗②　赤穂
(右左)岩崎　有真③　赤穂
(右右)中島　一真②　伊那東部
(右左)小松　佑匡②　伊那東部
(右右)横山　皓瑛②　伊那東部
(右右)埋橋　周平①　春富
(右左)松崎　新大①　駒ケ根東
(右右)酒井駿太朗①　春富

伊那弥生ヶ丘

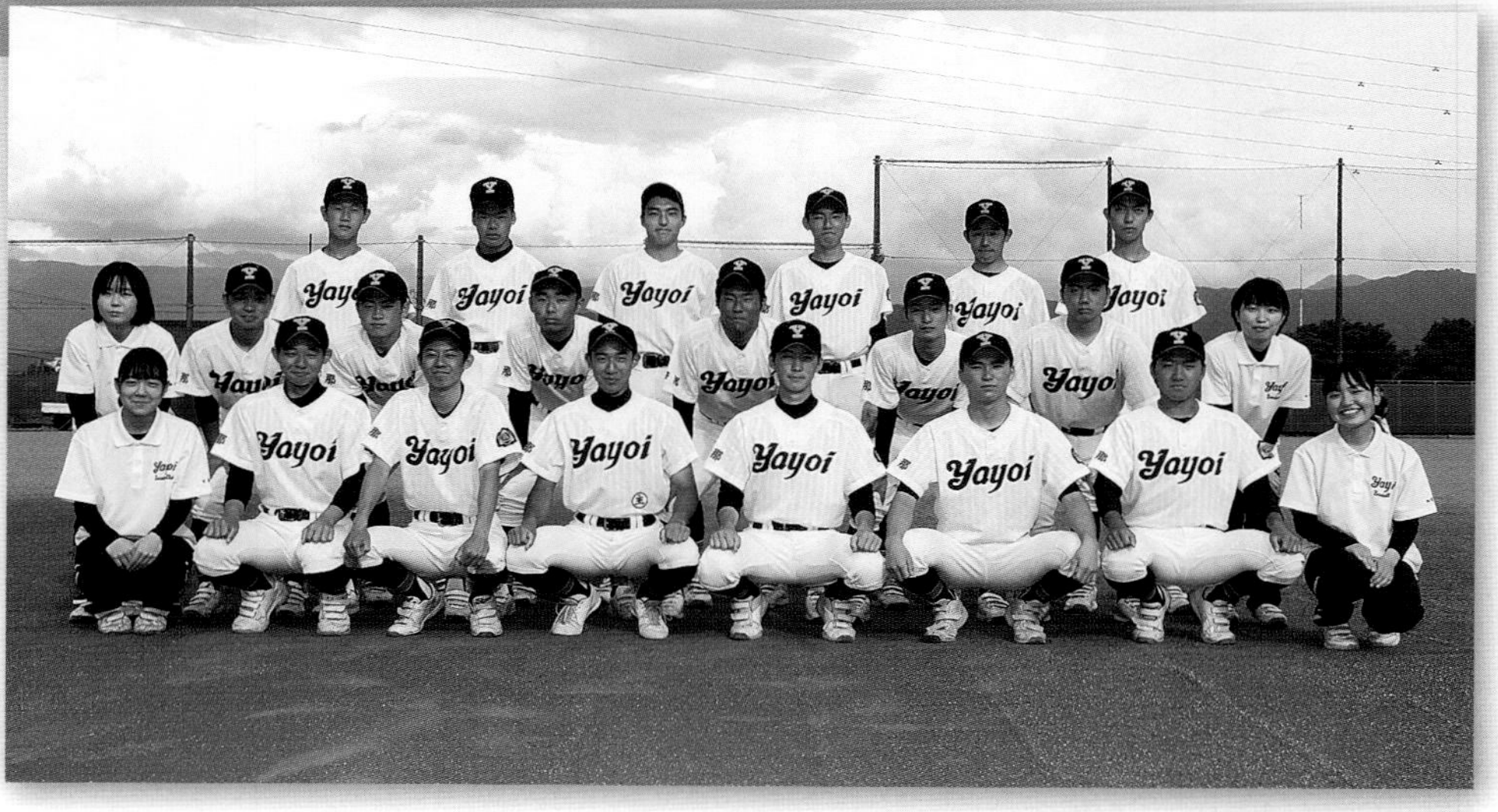

監督　柿沢　章浩(43)

投(左左)小松　　周②　伊那東部
捕(右右)穂苅　　優②　辰野
一(右右)池田　裕大③　春富
二(右右)宮嶋　翔瑛③　春富
三(右左)中島　秀太③　春富
遊(右左)有賀　渓粋③　西箕輪
左(右左)伊沢　聖司③　西箕輪
◎中(右右)小岩井諒平③　伊那東部
右(右右)山本　琉生②　赤穂
(右右)下島　基雅②　伊那東部
(左左)樋屋　遥人②　赤穂
(右右)長谷部遥希②　南箕輪
(右右)木下　　陽②　春富
(右右)松島　渉輝②　赤穂
(右右)畠山　大洋②　南箕輪
(右右)横山　玲慈②　伊那東部
(左左)池上　颯汰①　伊那東部
(右左)伊藤　翔大①　伊那東部

岡谷工

監督　両角　亮介(67)

投(右右)松田　教希③　茅野北部
捕(右右)三谷　大陽②　箕輪
一(右左)稲生　秀成③　南箕輪
二(右左)福井　涼太③　下諏訪社
三(右左)小林　　和③　岡谷東部
遊(右左)宮嶋　紅亜②　西箕輪
左(右右)小口　和人③　岡谷東部
◎中(右右)五味　光也③　茅野東部
右(右右)瀬川　颯斗①　上諏訪
(右右)山田　晴行②　諏訪西
(右右)高見　駿也①　長峰
(右右)伝田　拓巳③　茅野北部
(右左)小口　慶太③　岡谷南部
(右右)鈴木　慎也②　上諏訪
(右右)小坂　翔也③　岡谷南部
(右右)横内　陽斗①　岡谷西部
(右右)深萱　誠基③　上諏訪
(右右)千村　　琉③　岡谷西部
(右右)大蔦　拓雅③　岡谷東部
(右左)野口　利樹③　茅野北部

岡谷南

監督　春原ケンジ(31)

投(左左)星野　光太③　岡谷東部
捕(右右)矢島　魁人③　長峰
一(右右)山田　泰輝③　岡谷東部
二(右左)花岡　典真③　岡谷南部
三(右右)佐藤　圭一③　茅野東部
遊(右左)小口　航生②　岡谷南部
左(右右)古野　道郎③　広陵
中(右右)味沢　拓未②　岡谷南部
右(右左)林　　宏弥③　下諏訪社
◎　(右右)高橋　　佳③　岡谷東部
(右左)江村　大輝③　岡谷東部
(右左)増田　颯太③　諏訪南
(右右)林　　琉維③　岡谷西部
(右左)徳永　泰成③　長峰
(左左)増沢　孝介③　長峰
(右右)松山　佳嵩②　岡谷東部
(右左)小口　太一②　岡谷南部
(右右)小沢　　翔②　永明
(右右)長嶺　　翔②　岡谷北部
(右右)羽場　敦哉①　駒ケ根東

上伊那農

監督　伊藤　公一(59)

投(右右)溝上　　慎③　西箕輪
捕(右右)大島　伊織③　赤穂
一(右右)根津　佑基③　南箕輪
二(右左)北沢　拓泉③　赤穂
◎三(右右)根橋　大翔③　箕輪
遊(右右)唐沢　健太③　箕輪
左(右左)那須野　威③　伊那東部
中(右右)赤羽　健太③　辰野
右(右右)小沢　陸翔③　南箕輪
(右右)小出　凱也③　駒ケ根東
(両左)北沢　颯人③　伊那東部
(右右)守屋　颯斗②　箕輪
(右右)清水　航成②　南箕輪
(右右)古川　琢磨②　伊那東部
(右右)野々田斗和①　高遠
(右右)平島　尚緒①　伊那
(左左)渕井　俊樹②　箕輪
(右右)山崎　奏太②　箕輪
(右右)池上流季弥①　伊那東部
(右右)原　　波音①　南箕輪

駒ヶ根工

監督　甕　　力(43)

投(左左)渡辺　泰成②　赤穂
◎捕(右左)宮下　浩輔③　飯島
一(右左)三浦　青空③　飯島
二(右右)阿部　大駕②　宮田
三(右右)金指　涼夏③　赤穂
遊(右右)高橋　　希③　宮田
左(右右)百瀬　歩尚②　宮田
中(右右)有賀　竣大③　駒ケ根東
右(右左)小林　剛琉③　赤穂
(右右)馬場　真門③　駒ケ根東
(左左)岡庭　　力③　駒ケ根東
(右右)伊藤　虎輝②　飯島
(左左)宮下　渉太②　飯島
(右右)水上　皓偉②　宮田
(右右)塩沢　晴空①　春富
(右右)伊藤　優希①　西箕輪
(右右)鈴木　陽斗②　西箕輪
(右右)山崎　義尭②　西箕輪
(右右)有賀　宇条②　駒ケ根東
(右右)北原　優翔①　赤穂

下伊那農

監督　片桐　和俊(47)

投(右右)筒井　　慶③　鼎
◎捕(右左)上松　真拓③　竜峡
一(右左)林　　暢晃②　旭ケ丘
二(右右)中谷　駿佑②　旭ケ丘
三(右左)岩下　良平③　竜峡
遊(右右)代田　　樹③　下條
左(右右)北林　甲斐③　下伊那松川
中(右右)大原　拓真②　竜峡
右(右左)勝野　颯太③　阿南一
(右右)松沢　幸則②　竜峡
(左右)津賀　大輝①　緑ケ丘
(右右)江口　瑠輝①　竜峡
(左左)折田　佳都①　緑ケ丘
(右右)塩沢　大地①　喬木
(右右)大平　快斗①　喬木
(右右)田中　蒼羅①　緑ケ丘
(左左)熊谷　仁太①　阿南一

下諏訪向陽

監督　海沼　博義(53)

投(右右)征矢　誠賢③　南箕輪
◎捕(右右)山田　英幸③　茅野東部
一(右右)加藤賢志郎②　下諏訪社
二(右右)湯田坂千紘②　永明
三(右右)岩波　玲希③　永明
遊(右左)宇野　慎翔③　茅野東部
左(右右)中原　蓮太③　岡谷南部
中(右右)石倉　　岬③　岡谷東部
右(右右)酒井　翔夢②　岡谷東部
(右右)岩波　舞希③　永明
(右右)小池　玲志③　諏訪西
(右右)小林　凌也②　岡谷南部
(左左)小林　拓磨②　永明
(右右)青沼　　駿②　上諏訪
(右左)藤森　太郎②　富士見
(右左)名取　壮也②　富士見
(右右)若月　一星②　諏訪西
(右右)西沢　秀真②　岡谷南部
(右左)田中　敬普②　岡谷東部
(右右)宮坂　康介②　上諏訪

諏訪清陵

監督　五味　稔之(50)

投	(右左)	河西　蒼惟③	諏訪
捕	(右右)	山内　翔太③	諏訪
一	(右右)	宮阪　康希③	諏訪
◎二	(右右)	梨本　陸央③	永明
三	(右左)	守屋　耕平③	長峰
遊	(右右)	岩井　文弥②	茅野北部
左	(右右)	高橋　良空③	諏訪
中	(右左)	河西　　丈③	下諏訪
右	(右左)	増沢　貫太②	岡谷東部
	(右右)	柞山慎太朗③	岡谷南部
	(左左)	渡辺　智希②	永明
	(左左)	守屋　優作③	長峰
	(右右)	有賀　達哉③	辰野
	(右左)	小松原快仁②	富士見
	(右右)	折井　　駿②	上諏訪
	(右右)	平出　隼翔②	富士見
	(右右)	井崎新太郎②	永明
	(右右)	武居　貫太②	長峰
	(左左)	荒崎　翔和②	岡谷東部
	(右左)	柳平　隼人①	茅野北部

諏訪二葉

監督　塚田　雄二(32)

投	(右右)	平手　大翔③	永明
捕	(右左)	金子　空翔③	諏訪南
一	(右右)	松村　　颯②	岡谷南部
二	(右右)	高木　啓太②	岡谷北部
◎三	(右右)	松村　　仁③	岡谷南部
遊	(右右)	五味　亮太③	永明
左	(右右)	腰原　和樹②	塩尻西部
中	(右右)	池上　裕雅②	原
右	(右左)	小池　明空③	岡谷東部
	(右右)	浜家　　慧②	岡谷北部
	(右右)	金井　主門②	富士見
	(右右)	樋川　大翔②	岡谷東部
	(右右)	松田　圭太①	長峰
	(右右)	五味　洸太①	永明
	(右右)	清水　　柊①	永明
	(右右)	原田　祐健①	茅野東部
	(右右)	矢島　史哉①	諏訪南
	(右右)	峯村　亮成①	茅野東部
	(右右)	慶山　翔威①	広陵
	(右両)	丸山　奏多①	茅野東部

高遠

監督　高重　陽介(33)

投	(右右)	登内　唯翔③	伊那東部
捕	(右右)	阿部　大空③	赤穂
一	(右右)	白鳥　一滴③	西箕輪
二	(右右)	湯田　健司③	南箕輪
三	(右左)	井上　颯也②	伊那東部
遊	(右右)	小池　倫太③	西箕輪
左	(右右)	柳原　孝成③	箕輪
中	(右右)	小松　快希②	伊那東部
◎右	(右右)	井沢　伶央③	箕輪
	(右右)	城倉　拓馬②	伊那
	(右右)	山崎　颯斗②	辰野
	(右右)	桜井　聖斗②	宮田
	(右右)	井沢　夏惟②	春富
	(右右)	竹村　　駿②	赤穂
	(右右)	栗田　鉄平②	春富
	(右右)	友野　翔太②	赤穂
	(右右)	安西　大穂③	高遠
	(右右)	三沢　　稔②	伊那東部
	(右右)	大山　晴空②	伊那東部
	(右右)	小松　洸稀③	伊那

辰野・阿南

監督　池邨　光平(30)

投(右右)後藤　飛鳥③　緑ケ丘

捕(右右)藤本　尚斗①　下條

一(右右)高木　　晄②　岡谷南部

二(右右)登内　朝陽③　伊那東部

三(右右)上垣　　巧③　泰阜

◎遊(右右)小松　藍斗③　辰野

左(右右)中谷　竜弥③　広陵

中(右右)小坂　康馬②　岡谷南部

右(左左)牧内　勇樹③　緑ケ丘

(右左)南原　海斗②　塩尻西部

(左右)金田　　虎①　下條

(右右)橋爪　裕亮①　春富

(右右)熊谷佑之将①　下條

(右右)伊藤　　博①　阿南一

(右右)松下　大翔①　竜峡

茅野・諏訪実・岡谷東

監督　宝　　和也(31)

投(右右)笠原　遼哉③　塩尻

捕(右右)大橋　由都③　諏訪西

一(右右)百瀬　竣哉①　塩尻

二(右右)新保　恭平②　茅野北部

三(右右)清水　蒼也③　茅野東部

遊(右右)小松　敦稀①　茅野北部

左(右右)竹内　蒼真②　岡谷北部

◎中(右右)矢島　采樹③　両小野

右(右右)金子　　響②　上諏訪

(右右)上園　零翔③　茅野北部

(右右)小松　大輝①　諏訪

(右右)矢島　直樹①　両小野

(右右)瀬川　翔太③　上諏訪

(右右)笠井　優斗①　永明

(右右)平林　大和①　諏訪南

東海大諏訪

監督　藤井　浩二(49)

投(左左)井川　爽涼③　東京狛江一

捕(右右)大久保　宙③　常盤

一(右右)鈴木　健太③　東京小平二

二(右右)泉　　翔也③　大阪久宝寺

三(右右)井原　一颯③　長峰

遊(右右)小川　泰空②　東京西台

左(右右)泉原　　瑠②　神奈川湘洋

中(右右)原　　昂輔③　阿智

◎右(左左)宮本　翔梧③　神奈川豊田

(右右)吉沢　光貴②　神奈川浜須賀

(右右)川瀬摩名斗③　愛知天神

(右右)岡安　凌我②　愛知一色

(右左)古川　光輝②　菅野

(右右)倉沢　大輔②　鉢盛

(右右)今井　輝斗②　茅野東部

(右左)大野甲四郎②　埼玉新座五

(右右)奥田　晋矢③　愛知大里東

(右左)岡田　蒼士②　東京関進一

(右右)大門　　岳③　神奈川山城

(左左)丸茂虎之助③　諏訪南

富士見

監督　春日　　光(33)

投(右右)武居　祥真③　長峰
捕(右右)宮内　烈綺②　長峰
一(右右)板倉　右恭③　原
二(右右)阿部　拓馬①　富士見
三(右右)山口　思駿①　岡谷北部
遊(右右)平出　太一①　茅野北部
左(右右)田中　　天①　原
◎中(右左)吉見慎之助③　塩尻
右(右左)小林　瑛心①　諏訪南
(右右)伊藤　那於③　岡谷東部
(右右)山口　　純①　岡谷東部
(右右)山田　隆仁①　茅野東部
(左左)浜　貫次郎①　茅野東部

松川

監督　筒井　　剛(27)

投(右右)片桐　嵐汰③　中川
捕(右右)市沢　力斗③　高森
◎一(右右)松田　篤実③　下伊那松川
二(右左)棚田　啓太②　高森
三(右右)仲田　陽斗③　中川
遊(右右)中平　和摩③　高森
左(右右)加藤　倭斗③　中川
中(右右)大島　梓恩③　高森
右(右左)本島　幹太②　高森
(右左)中塚　豪大②　高森
(右右)平川　茂青③　神奈川六会
(右左)千村　　匠①　飯島
(右右)木戸　千陽①　豊丘
(右右)桂川　侑也②　高陵
(右右)細田　風雅①　赤穂
(右右)田平　優成①　豊丘
(右右)原　　将光①　豊丘
(右右)東方　朝煌①　赤穂
(右右)芦部　琥伯①　飯島

箕輪進修

監督　須田　淳暉(25)

投(右右)中村　蒼空②　春富
捕(右右)北原　陸斗②　春富
◎一(右右)安藤　優希③　箕輪
二(右右)岩花　拓馬①　南箕輪
三(右右)酒井　龍大②　伊那東部
遊(右右)宮島　勇斗③　中川
左(右右)下田　航輝②　南箕輪
中(右右)大槻　永遠①　箕輪
右(右右)藤森　海斗②　箕輪
(右右)知久　倖大②　中川
(左左)笹平日々喜①　南箕輪

エクセラン高校美術科2年　松沢ララさん

エクセラン高校美術科1年　水上朝日花さん

エクセラン高校美術科3年　及川はあとさん

高校野球長野大会でプレーする選手たちをイメージしたイラストは、エクセラン 高校（松本市）美術科の生徒に依頼して描いてもらいました。（信濃毎日新聞2021年6月30日付別刷り特集に掲載）

目　次

取　材　信濃毎日新聞社編集局
編　集　信濃毎日新聞社出版部
デザイン　酒井隆志　髙﨑伸也

▷本書は信濃毎日新聞記者が取材し、本紙に掲載された記事・写真を中心に再編集・再構成しました。一部の記事は紙面掲載のものとは違う場合があります。

報道グラフ
信州球児　夏2021
全国高校野球選手権長野大会

2021年8月9日　初版発行

編　者　信濃毎日新聞社編集局
発行所　信濃毎日新聞社
〒380-8546　長野市南県町657
電話 026-236-3377（出版部）
印刷所　信毎書籍印刷株式会社

ISBN978-4-7840-7386-3　C0075

© The Shinano Mainichi Shimbun 2021 printed in Japan

本書のコピー、スキャン、デジタル化等の無断複製は著作権法上での例外を除き禁じられています。本書を代行業者等の第三者に依頼してスキャンやデジタル化することはたとえ個人や家庭内の利用でも著作権法違反です。